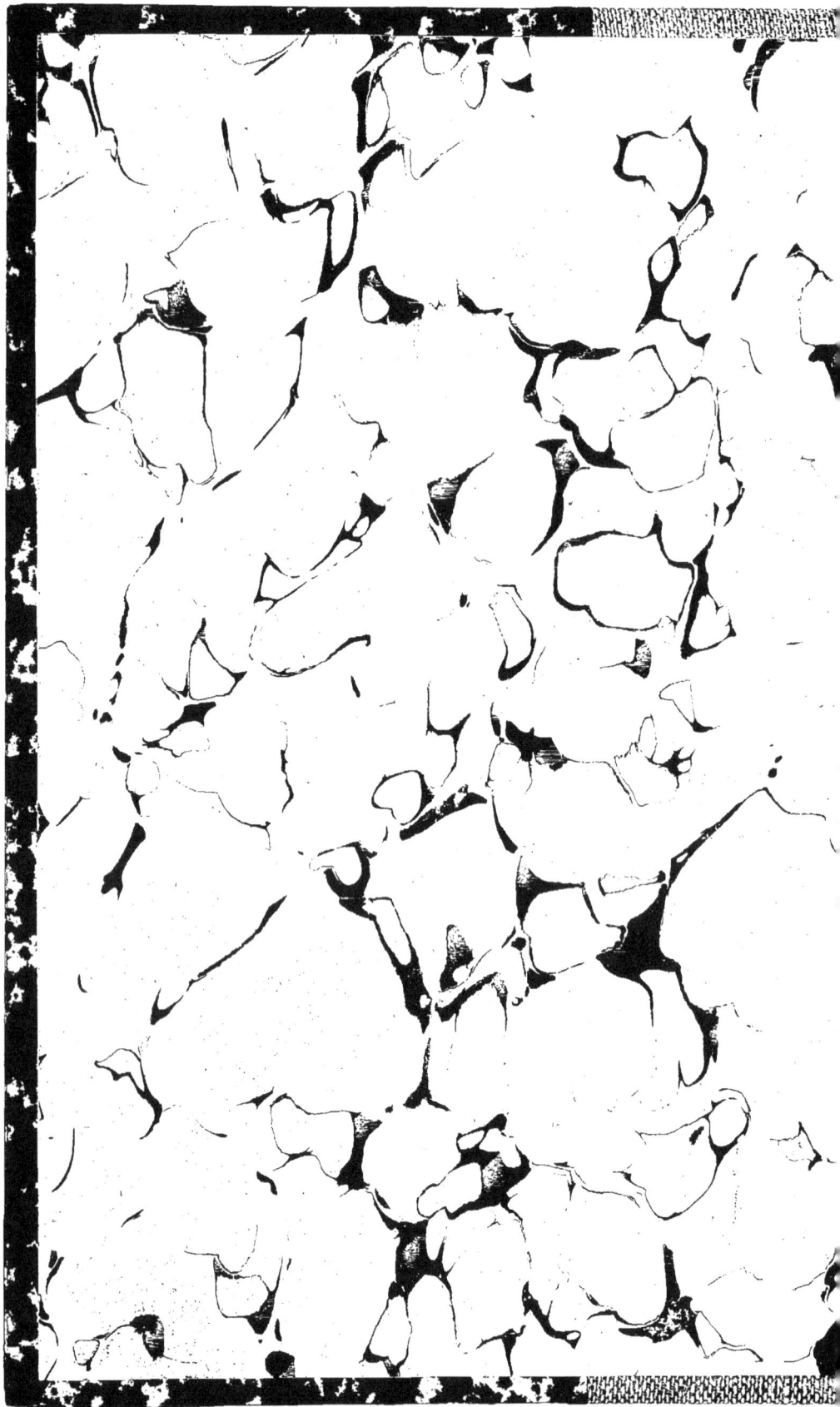

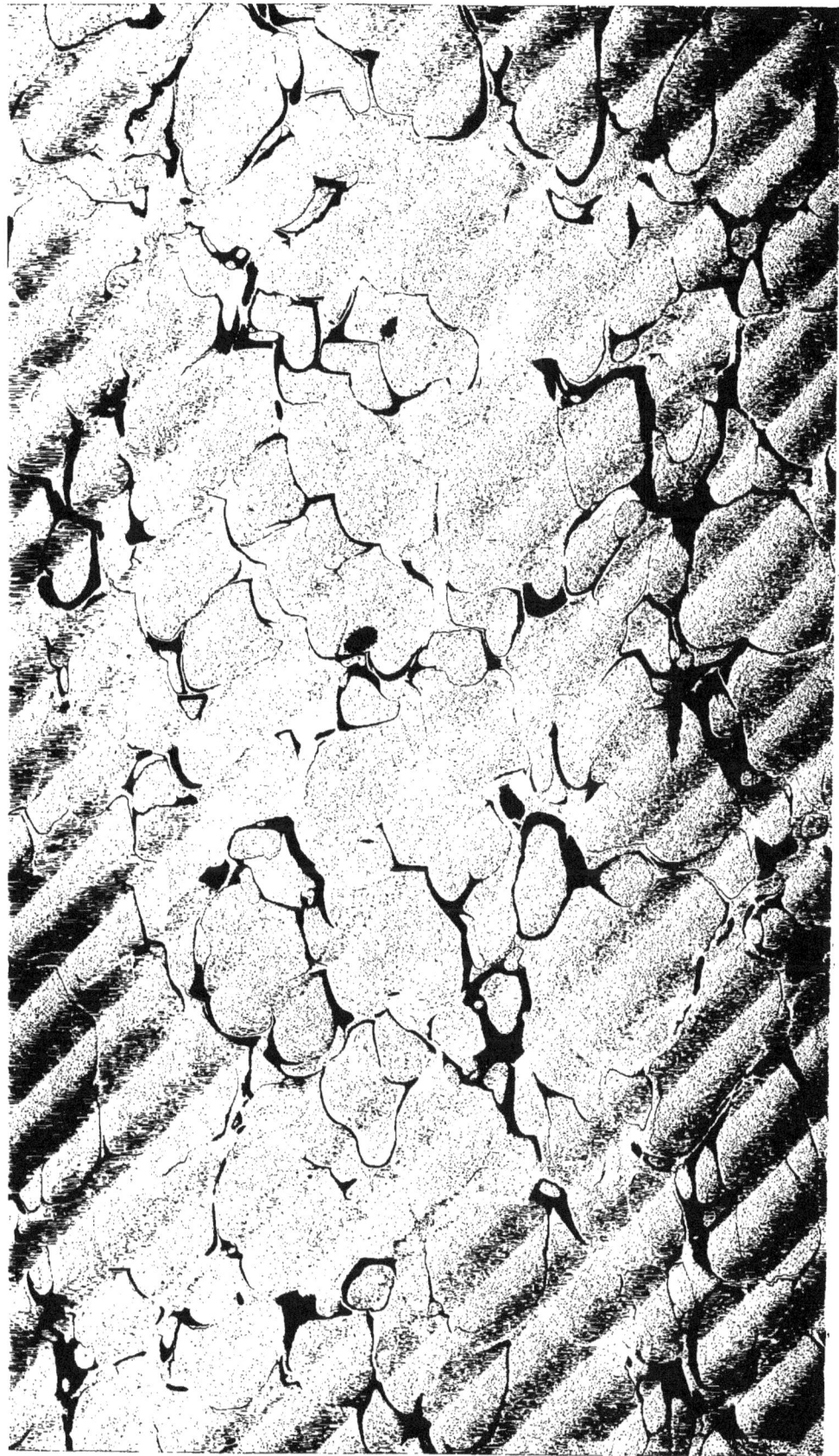

P-A. MATHIEU REL.

FACULTÉ DE DROIT DE PARIS

L'ACCROISSEMENT
DES BUDGETS D'ÉTAT
AU XIXᵉ SIÈCLE

CAUSES ET REMÈDES

THÈSE POUR LE DOCTORAT

SOUTENUE LE MARDI 23 JANVIER 1900, A 1 HEURE

PAR

RENÉ THION DE LA CHAUME

Président.... M. CHAVEGRIN, professeur.
Suffragants... { M. CHÉNON, professeur.
{ M. JACQUELIN, agrégé.

PARIS
A. PEDONE, ÉDITEUR
LIBRAIRE DE LA COUR D'APPEL ET DE L'ORDRE DES AVOCATS
13, RUE SOUFFLOT, 13

1900

L'ACCROISSEMENT DES BUDGETS D'ÉTAT

AU XIXe SIÈCLE

CAUSES ET REMÈDES

FACULTÉ DE DROIT DE PARIS

L'ACCROISSEMENT
DES BUDGETS D'ÉTAT
AU XIXᵉ SIÈCLE
CAUSES ET REMÈDES

THÈSE POUR LE DOCTORAT

SOUTENUE LE MARDI 23 JANVIER 1900, A 1 HEURE

PAR

Renè THION DE LA CHAUME

Président..... M. CHAVEGRIN, professeur.

Suffragants... { M. CHÉNON, professeur.
{ M. JACQUELIN, agrégé.

PARIS

A. PEDONE, ÉDITEUR

LIBRAIRE DE LA COUR D'APPEL ET DE L'ORDRE DES AVOCATS

13, RUE SOUFFLOT, 13

1900

INTRODUCTION

Les dépenses publiques ont été au courant de ce
siècle en progression constante dans tous les Etats
civilisés. Les renseignements que procurent les statistiques ne laissent aucun doute à cet égard. L'accroissement est universel, il existe dans les budgets
de tous les Etats, grands ou petits, quelle que soit la
forme du gouvernement, empire absolu, monarchie
constitutionnelle ou démocratie ; l'accroissement est
continu, pour peu que l'on envisage une période de
quelque durée et que l'on fasse abstraction des
faibles mouvements de recul qui se produisent parfois d'une année à l'autre ; enfin quoique la rapidité
du mouvement soit dans une certaine mesure
variable suivant les pays, elle est partout très importante et atteint parfois des résultats surprenants.

Sans examiner un à un les budgets des différents
Etats, pour y trouver la preuve de cette assertion,
il suffit de choisir quelques Etats placés tous dans
des conditions très différentes, d'étendue, de climat,
de population, de gouvernement, et de comparer les
chiffres de leurs dépenses actuelles à ceux de leurs

budgets passés; les résultats obtenus dans chaque cas sont absolument concordants.

L'Angleterre est un pays très riche, de civilisation ancienne et placé par sa situation géographique dans une position essentiellement favorable au point de vue militaire. Elle a d'ailleurs joui d'un état pacifique depuis le commencement du siècle, n'ayant eu à soutenir que quelques expéditions lointaines, et qui n'ont eu sur la prospérité nationale qu'une action insignifiante.

Or, le budget anglais présente la situation suivante :

Il était de 58.726.341 livres sterling en 1817 et diminua progressivement jusqu'en 1833 où il atteignit son minimum, soit 48.786.047 livres sterling; mais depuis ce moment il a augmenté sans cesse et beaucoup plus que doublé. La progression assez lente d'abord, puisque les dépenses sont seulement de 64.805.872 livres en 1859, s'accélère ensuite rapidement. Le budget est de 74.912.816 livres en 1869, de 85 millions en 1879, et les estimations du Chancelier de l'Echiquier le portent à 110.927.000 livres pour le présent exercice.

L'augmentation depuis 1833 est donc de 62.141.000 livres, soit près de 1 million sterling ou 25 millions de francs par an.

Si on envisage maintenant une autre grande puissance, continentale celle-là, et où n'existe pas de gouvernement parlementaire, une nation jeune et encore en train de développer ses ressources, la Russie, on trouve les chiffres suivants pour le budget des dépenses :

Années 1869........ 468.797.909 roubles
  — 1875........ 543.221.521 »
  — 1882........ 680.000.000 »
  — 1890........ 980.475.000 »
  — 1899........ 1.462.500.000 »

La progression est donc encore plus rapide que dans le cas précédent, puisqu'elle atteint 994 millions de roubles en 30 ans, soit 33 millions de roubles ou 88 millions de francs par an [1].

Si après un empire et une monarchie modérée on examine une république démocratique, les résultats ne sont que peu différents. Les Etats-Unis d'Amérique, quoique placés dans des conditions économiques et politiques toutes spéciales, semblent en ce qui concerne les finances publiques ne différer que fort peu des Etats européens. — Les dépenses publiques semblent même y croître avec une vitesse remarquable puisqu'elles ont presque doublé en une période de quinze ans, comme le montre le tableau suivant :

[1] En calculant le rouble au taux où l'a fixé l'ukase du 27 mars 1898, soit 774 1/2 milligrammes d'or fin, ou 2 francs 667.

Années 1883-84........   244.116.244 dollars
—   1888-89........   299.288.978   »
—   1893-94........   367.525.280   »
—   1897-98........   438.826.018   »

Les petits Etats, même les plus pacifiques, ne restent pas en arrière, et leurs dépenses augmentent dans des proportions analogues. — La Belgique, par exemple, Etat neutre, et où la grande densité de la population doit rendre l'administration moins coûteuse, voit son budget passer de 85 millions en 1835 à 216 en 1870, 338 en 1891, et 387 millions en 1897.

Enfin, en ce qui concerne la France nous trouvons les chiffres suivants, qui comprennent les dépenses totales de l'Etat, ordinaires et extraordinaires [1] :

---

[1] Ces chiffres comprennent l'ensemble des dépenses de l'Etat ; non seulement celles inscrites au budget ou ayant fait l'objet de crédits supplémentaires ou extraordinaires, mais les dépenses de toutes natures, y compris celles portées à des comptes spéciaux. — Exception est faite pour l'ancien budget sur ressources spéciales qui n'est pas compris dans ces chiffres. Il est bon de remarquer que ces totalisations de dépenses ne donnent jamais de résultats d'une exactitude absolue. C'est ainsi que deux documents officiels, le *Bulletin de statistique du ministère des finances* (n° de mai 1899) et l'*Exposé des motifs du budget de 1898*, totalisant les dépenses de l'Etat de 1886 à 1897, arrivent à un total de 40.281.976.052 francs dans le premier cas, et de 41.320.588.668 dans le second.

1815....... ..	931.441 mille francs
1828.........	1.028.100 »
1847........	1.629.678 »
1869........	1.879.404 »
1874........	2.555.249 »
1883........	3.052.688 »
1890........	3.184.372 »
1896........	3.400.023 »
1899........	3.477.761 »

Le chiffre indiqué pour 1899 est très sensiblement inférieur à la réalité, car comme M. Pelletan le dit dans son rapport général sur le budget, certaines dépenses ne figurent pas au budget de l'Etat, qui, en réalité, se monte à plus de 3.600 millions [1].

Par conséquent, l'augmentation des budgets français pour la période de 1874 à 1899 pendant laquelle ils sont passés de 2.555.249.000 francs à 3.600.500.000 francs est de plus de 41 millions par année.

Les chiffres cités pour quelques budgets sont un exemple suffisant pour appuyer cette affirmation que les dépenses de tous les Etats civilisés suivent un mouvement de progression continu, assez rapide et ayant une tendance à s'accélérer dans ces dernières années.

[1] Il s'agit de fonds avancés à l'Etat par des compagnies de chemins de fer, et d'un compte spécial du ministère de la guerre dont l'actif est représenté par les terrains des fortifications mis en vente.

Nous voulons essayer de déterminer les causes auxquelles il faut attribuer ce phénomène, rechercher aussi les causes antagonistes qui, dans une certaine mesure, ont retardé la progression des dépenses, et après avoir constaté l'influence que les unes ou les autres ont pu exercer dans le passé, nous efforcer de prévoir dans quelle mesure leur action pourra se faire sentir dans l'avenir.

Nous examinerons ensuite quelques-uns des remèdes proposés pour diminuer les dépenses actuelles de l'Etat, ou au moins s'opposer à leur progression future, dans la mesure où elles peuvent être considérées comme excessives et nuisibles.

Dans cette étude, nous prendrons le plus souvent nos exemples dans la législation financière et les budgets français, non seulement parce que l'étude nous en est plus facile, mais encore parce qu'ils ont, plus complètement que ceux d'aucun autre Etat, subi l'influence des causes qui déterminent les variations des dépenses publiques.

PREMIÈRE PARTIE

CAUSES DE L'ACCROISSEMENT.

L'accroissement général des dépenses publiques est dû à des causes assez variées que l'on peut classer en deux catégories bien distinctes.

Dans la première, les causes d'ordre économique ou financier, qui correspondent à des mouvements plus apparents que réels et n'impliquent nullement une extension véritable de la puissance d'action de l'Etat.

Dans ce cas, l'augmentation ne provient quelquefois que de changements dans la méthode de comptabilité ou dans la valeur de la monnaie de compte, sans que les opérations relatées aient été modifiées en rien ; d'autres fois, il y a bien création de services nouveaux ou augmentation du personnel de l'administration, mais il ne s'agit que de percevoir de nouveaux impôts ou d'assurer le fonctionnement de services rendus plus onéreux par des circonstances fortuites, comme l'augmentation de la population par exemple. Ces causes d'accroissement des dépenses publiques exercent leur action d'une façon indépendante de la volonté du législateur.

Elles sont en quelque sorte mécaniques et irrésistibles et ont produit des effets à peu près semblables dans les différents pays.

Les causes de la seconde série sont au contraire exclusivement politiques. Les accroissements de dépenses auxquels elles correspondent contribuent à étendre réellement la sphère d'action de l'Etat, et il y a toujours dans ce cas développement d'un service public ou création d'une fonction nouvelle. La volonté des gouvernements est à peu près la seule règle qui détermine l'amplitude de ces mouvements des dépenses ; aussi, sont-ils très variables suivant les époques et les pays, et c'est pourquoi leur étude est plus particulièrement intéressante en ce qui concerne les perspectives d'avenir.

CHAPITRE PREMIER

Causes d'accroissement apparent.

Les accroissements de dépenses de la première catégorie peuvent être distingués en deux sortes. Les premiers proviennent uniquement des changements survenus dans la comptabilité publique sans qu'en réalité les sommes dépensées aient varié en rien. — Les seconds sont causés par des renchérissements survenus dans les services ou par la création de services nouveaux mais sans extension utile des fonctions de l'État.

I

La première et très importante augmentation occasionnée dans les budgets publics de nos jours, si on les compare à ceux du commencement du siècle, est due à l'application générale maintenant des principes autrefois méconnus de l'unité et de l'universalité du budget. Le premier de ces principes veut que toutes les recettes de l'Etat soient réunies en un seul compte formant un seul total, et de même les dé-

penses en un seul autre. Le second que toutes les
dépenses et toutes les recettes sans exception figurent dans les comptes.

Ces règles sont en opposition avec celle de la
multiplicité des budgets qui détache certains services
publics du budget général, pour en faire des comptes
distincts et ne les fait figurer au budget de l'Etat
que pour l'excédent des recettes et des dépenses.
Elles s'opposent aussi à la pratique qui consiste à
présenter des budgets au net, c'est-à-dire à en faire
disparaître les frais de perception, et à cette autre
pratique qui consiste à appliquer directement aux
dépenses d'un service les ressources que ce service
pourrait se créer, sans faire figurer dans les comptes
le supplément de recettes ainsi obtenu.

L'avantage que l'on trouve à l'unité du budget,
c'est d'abord d'embrasser plus facilement du premier
coup d'œil, les dépenses totales de l'Etat, c'est aussi
de faciliter le contrôle et l'ordre des finances : « Le
morcellement du budget, dit M. Léon Say, est le
plus sûr moyen qu'un ministre puisse employer pour
annuler le contrôle parlementaire [1]. »

L'obligation d'inscrire l'universalité des recettes
et par suite des dépenses, empêche la création dans
les services de petits budgets propres indépendants

---

[1] Léon Say, *Les finances de la France sous la troisième république*, Paris, 1898, I, p. 10.

de petites réserves occultes qui, n'étant soumis à aucun contrôle, sont plus exposés à une administration défectueuse.

Aux avantages qui résultent de l'application rigoureuse de ces règles, on ne peut guère opposer comme inconvénient que l'obscurité qui, dans certains cas peut en découler. On ne saisit plus exactement les frais de perception de tel impôt et son produit net, ou on ne voit pas comment se soldent les comptes de telle entreprise de l'Etat. C'est à quoi pensait M. Léon Say en approuvant les budgets annexes de la Monnaie, de l'Imprimerie Nationale, etc., « qui ne figurent au budget que pour des soldes, mais dont on peut étudier les détails en pénétrant dans le budget qui leur est réservé, beaucoup plus facilement que si leurs dépenses étaient confondues avec les dépenses générales, et leurs recettes avec les recettes générales de l'Etat. » On pourrait, il est vrai, arriver au même résultat, en annexant au budget des tableaux indiquant le mode de fonctionnement de tel ou tel service, ou en portant en note à côté du produit brut d'un impôt, les frais de perception qu'il entraîne.

L'application de ces principes n'est pas encore universelle, et elle est peu ancienne, mais dans beaucoup de pays et en France notamment, elle est de jour en jour plus strictement poursuivie.

En France, nous avions encore jusqu'en 1890, un

budget ordinaire, un budget extraordinaire, des budgets sur ressources spéciales, des budgets annexes, des services spéciaux du Trésor. Par des incorporations successives au budget général, ces subdivisions ont disparu sauf les budgets annexes qui subsistent seuls.

Il est impossible de déterminer exactement le grossissement du budget ordinaire par suite de l'adjonction de ces diverses catégories de dépenses qui autrefois n'y figuraient pas. — Sans doute, n'est-il pas extrêmement élevé puisque la plupart des dépenses qui autrefois figuraient aux budgets extraordinaires, ont été considérablement réduites, en ces dernières années. Mais on peut rappeler qu'en 1881, par exemple, 539.221.000 francs de travaux publics figuraient au budget extraordinaire qui, en réalité, auraient dû figurer au budget général.

Quant à l'inscription de toutes les recettes et dépenses au budget, on ne l'a obtenue que peu à peu et par un effort continu.

Les comptes de l'ancien régime étaient très défectueux à cet égard. Alors que le compte rendu de Necker au roi, de janvier 1781, n'évalue les dépenses qu'à 253 millions, M. Stourm estime que le véritable total dépassait 520 millions, si on tient compte des sommes considérables qui se trouvaient dissimulées par contraction ou confusion[1]. Le Consulat et l'Em-

[1] Stourm, *Le Budget*, Paris, 1896, p. 145.

pire apportèrent quelques améliorations au système, et la plupart des contractions disparurent,
mais un important défaut subsistait, la suppression
des frais de perception. Enfin, une ordonnance
royale du 26 mars 1817 décida qu'à l'avenir : « les
recettes brutes des impôts seraient inscrites au budget annuel et les frais de régie y seraient compris
en dépenses. » La seule application de cette règle
fit enfler de près de 120 millions le budget de 1818.

L'application stricte de la règle de l'universalité a
été poursuivie depuis par diverses lois et la Cour
des Comptes ne cesse d'en surveiller l'observation.

La part qu'elle a eue dans le grossissement du
budget français est certainement très importante,
mais il est difficile de la connaître exactement. Au
moins peut-on s'en faire une idée approchée. Le
compte général des finances pour l'année 1869 nous
donne un tableau des services spéciaux qui, depuis
1814, ont été rattachés au budget ainsi que leur
montant la première année de ce rattachement. Ils
se montent en total à 221.276.500 francs[1]. Mais
l'augmentation qu'a subie le budget est, en réalité,
beaucoup plus considérable.

C'est ainsi que les frais de régie et perception des
impôts qui ont grossi le budget de 1818 de 117.397.000

---

[1] *Compte général de l'administration des finances, pour l'an-
née.1869*, p. 226.

francs figurent au budget de 1899 pour 409.213.841 francs, et que le chapitre des remboursements, non valeurs et primes qui augmenta de 16.192.000 francs le budget de 1822, est estimé pour 1899 à 41.332.962 francs.

Aussi peut-on affirmer que l'augmentation du budget français occasionnée au courant de ce siècle par un simple changement dans la méthode de comptabilité est de beaucoup supérieure à un demi-million de francs.

Des exemples analogues sont fournis par la plupart des nations européennes. En 1856, l'Angleterre décida de faire apparaître dans ses comptes, l'intégralité des recettes et des frais de perception. Le budget des dépenses en fut accru de 4.500.000 livres (112.500.000 francs).

La Prusse inscrit au budget le produit brut de ses chemins de fer et ses nombreuses exploitations industrielles. C'est ainsi que quoique le budget prussien pour 1898 soit de 2.188 millions de recettes brutes, il ne resterait après déduction des frais de perception et des dépenses d'exploitation qu'une recette nette de 838 millions de marks.

De même, une grande partie de l'énorme accroissement des budgets russes depuis une trentaine d'années est due à une tendance à l'incorporation de toutes les recettes et toutes les dépenses dans le budget de l'Etat. Les budgets annexes, comme celui pour l'opération du rachat des paysans ou le compte du fonds des chemins de fer, ont été supprimés, grossissant d'autant le budget général.

Enfin, ces règles sont exactement observées en Autriche où une augmentation apparente de dépenses de 20 millions de florins résulte de l'inscription au brut des opérations du chemin de fer de l'Etat, et en Italie où la totalité des sommes recouvrées à quelque titre que ce soit doit figurer au budget (art. 43, loi du 17 février 1884).

Ainsi dans tous les Etats civilisés les perfectionnements apportés dans la comptabilité publique ont contribué à grossir les chiffres des budgets. Il est une autre raison analogue qui dans quelques pays seulement a pu produire les mêmes effets. Il s'agit de l'inscription au budget de l'Etat de dépenses figurant autrefois seulement dans les comptes des provinces ou des petites circonscriptions locales, parfois des établissements publics.

Il ne s'agit pas ici de la substitution de l'Etat aux groupements locaux ou à l'entreprise privée pour un certain nombre de services, car il y a une tendance très réelle en ce sens et nous l'étudierons plus tard, mais seulement de modifications comptables qui font ou non figurer au budget de l'Etat des dépenses toujours exécutées dans les mêmes conditions d'ordonnancement et de liquidation.

Un bon exemple de ces modifications apparentes

dues à de simples jeux d'écriture, nous est fourni
par la législation financière française. La France
pendant de longues années eut un budget sur ressources spéciales qui comprenait les recettes et les
dépenses effectuées par l'Etat pour le compte des
communes. Ce budget qui montait en 1892 au chiffre
élevé de 454.406.585 francs [1] était naturellement
compté dans les dépenses de l'Etat toutes les fois
qu'on totalisait celles-ci. Lorsqu'on décida de le supprimer les dépenses de l'Etat tombèrent de ce fait
de 3.912 millions en 1892 à 3.366 millions en 1893.
Evidemment cet allègement ne correspond à aucune
modification réelle.

Le budget de la Belgique présente une particularité
du même genre. Une somme de 31.300.000 francs
figure dans un chapitre spécial qui est composée de
fonds perçus par l'Etat pour le compte des communes, et aussitôt restitués à celles-ci ; il n'y a pas
là une charge réelle pour le budget belge.

Mais en dehors même de ces opérations de pure
forme, et sans vouloir discuter les avantages qu'il y
a à faire engager les dépenses par le gouvernement
central ou les organismes locaux, il est bon de faire
remarquer qu'en définitive et à une faible différence
près, les charges des contribuables sont les mêmes,
si les dépenses totalisées de l'Etat et des budgets
locaux sont égales.

[1] Loi de finance du 26 janvier 1892.

Quand on compare les dépenses publiques de la France et de l'Angleterre, il faut tenir compte de ce fait que beaucoup de dépenses sont en Angleterre supportées par les budgets locaux qui, en France, figurent à celui de l'Etat. Aussi en formant un bloc de l'ensemble de ces dépenses, M. Pelletan[1] et M. P. Leroy-Beaulieu arrivent tous deux à cette même conclusion que les contribuables des deux pays supportent une charge sensiblement égale[2].

Ainsi les différences qui peuvent exister entre les budgets de deux pays, ou de deux époques différentes, par suite de changements survenus dans la méthode de comptabilité et sans qu'en réalité aucune dépense nouvelle ait été engagée, aucun impôt nouveau perçu, peuvent être considérables. Il faut toujours en tenir compte avant de songer à des comparaisons entre budgets et s'efforcer de rendre les chiffres comparables entre eux, en faisant figurer dans l'un et dans l'autre les mêmes dépenses évaluées de la même manière.

[1] *Rapport général sur le budget de l'exercice 1899.*
[2] Les budgets locaux du Royaume-Uni se montaient en recettes pour l'exercice 1885-86 à 67.500.000 livres, soit 750 millions de francs et ils ont dû augmenter sensiblement depuis. Les budgets départementaux et communaux français n'étaient en 1894 que de 1.316 millions. (*Bulletin de statistique et législation comparée*, 1888, II, p. 227 et 363).

II

Tout aussi importante est l'augmentation progressive subie par les budgets, non plus par suite de l'inscription pour des chiffres toujours croissants de dépenses toujours les mêmes, mais par suite du renchérissement réel de services au fonctionnement desquels rien d'ailleurs n'était changé. Les causes de ce mouvement sont : la dépréciation de l'argent et l'accroissement général de la richesse.

La première de ces causes tend au renchérissement de deux éléments importants des budgets, l'achat des denrées et matériaux et le taux des salaires. La seconde, en produisant un relèvement sensible du niveau de vie moyen des diverses classes de la population tend, elle aussi, à occasionner une hausse des salaires. Ces deux causes exercent donc leur action sur l'ensemble des dépenses de l'Etat, exception faite pour une fraction 'd'entre elles, fraction importante il est vrai, le service de la dette publique. Encore faut-il retrancher de celle-ci les gros chapitres des pensions civiles et militaires.

En parlant de la dépréciation de la monnaie, nous voulons parler évidemment de la dépréciation du métal étalon, variable suivant les pays. En France, l'étalon était autrefois double, or et argent; mais aujourd'hui, la libre frappe de l'argent étant suspendue, la France est en fait soumise au régime de l'étalon or unique. Ce sont donc les variations de valeur du métal jaune qu'il faut étudier, d'autant plus que, jusqu'en 1875 les mouvements de la cote de l'or et de l'argent ont été sensiblement parallèles.

On ne peut évidemment, pour faire ressortir les variations du pouvoir d'achat de l'or, chiffrer en francs les prix de ce métal aux diverses époques, puisque le franc n'est lui-même qu'un certain poids d'or. Théoriquement, on trouvera cette mesure dans le niveau général des prix de toutes les autres marchandises. A une diminution du pouvoir d'achat de l'or, correspondra une hausse générale des prix. Ce résultat est connu au moyen du système des index numbers ou moyenne des prix d'un certain nombre de marchandises les plus importantes. De telles évaluations sont toujours très difficiles, car la puissance d'achat du numéraire n'influe pas seule sur le prix des marchandises ; les guerres, les disettes, les mauvaises récoltes comme les perfectionnements de l'industrie et des moyens de transports exercent sur les prix une influence considérable soit en hausse, soit en baisse[1].

Sans entrer dans l'examen des procédés employés et des corrections apportées pour arriver à un

[1] A. Arnauné, *La monnaie, le crédit et le change*, p. 23 et suiv.

résultat aussi proche que possible de la vérité, voici quelles sont les conclusions formulées par MM. Levasseur et de Foville. M. Levasseur estime que la baisse de l'or dans la période de 1850-1860, par suite de l'augmentation de production de l'Australie et de la Californie, ne fut pas de moins de 16.67 0/0. M. de Foville pense que de 1820-25 à 1870-75, il y a eu diminution de 25 0/0 dans le pouvoir d'achat de la monnaie.

Cette dépréciation a eu pour cause non seulement l'accroissement de la production qui augmentait l'offre, mais une certaine réduction de la demande, résultant du développement des moyens d'échange : billets de banque, virements, chèques, etc., qui diminuaient l'usage de la monnaie. La baisse aurait été plus accentuée encore si le développement du commerce du monde et l'accession de nouveaux peuples à la vie civilisée n'avaient offert à la production de nouveaux débouchés.

Dans ces vingt dernières années, la valeur de l'or n'a pas fléchi. La demande du métal jaune a été énorme par suite de l'adoption de l'étalon or en Allemagne, au Japon, en Russie, cependant que l'encaisse toujours grossissant des grandes banques d'État, en Angleterre, en Allemagne, en France, en Russie, en retirait de la circulation une valeur de plusieurs milliards [1].

[1] L'encaisse or des banques est aujourd'hui de 60 à 70 0/0

Mais comme ces causes ne semblent pas susceptibles d'exercer leur action pendant longtemps encore, il est probable que le mouvement de baisse reprendra surtout en présence de l'augmentation de production de ces dernières années [1].

Le plus grand nombre des Etats civilisés ont adopté le système de l'étalon or, mais pour ceux qui admettent encore l'argent comme métal monétaire, tels l'Inde et le Mexique, le phénomène de la dépréciation sera encore plus sensible. L'once d'argent est cotée aujourd'hui aux environs de 28 d. au lieu que sa valeur suivant l'ancien pair monétaire français était de $60 \frac{13,4}{16}$ d. C'est par conséquent une perte de 50 0/0 par rapport à l'or, à laquelle il convient d'ajouter encore la perte subie par le métal jaune lui-même.

Mais en ne nous occupant que des pays où l'or est métal monétaire nous trouvons une dépréciation de 25 0/0 depuis le commencement du siècle. — Il s'en est suivi une hausse générale du prix des denrées

en moyenne des billets en circulation, au lieu de 40 à 50 0/0 au milieu du siècle.

[1] La production de l'or était de : 505 millions en 1875 ; 562 millions en 1885 ; 616 millions en 1890 ; 1.037 millions en 1896 (*Bulletin de statistique et législation comparée*, 1898, I, page 96).

Elle a atteint : 1.229 millions en 1897 et 1.482,5 millions en 1898 (*Economiste français* du 21 janvier 1899, page 79).

ou fournitures qui a eu sa répercussion sur le budget, soit directement pour les achats auxquels l'Etat se livre lui-même, soit indirectement en forçant l'Etat à élever les traitements et les salaires des employés et ouvriers dans une proportion sensiblement égale au renchérissement des objets dont ils font usage.

Cette hausse des salaires et des traitements est encore entraînée lentement mais d'une façon continue par l'accroissement général de la fortune publique au courant du siècle. — Tous les emplois de l'Etat, depuis les plus modestes comme ceux de cantonniers ou d'ouvriers des arsenaux, jusqu'aux fonctions publiques les plus importantes, font appel aux services de classes différentes mais bien déterminées de la population. Or le niveau des habitudes de vie qui fixe le taux minimum des salaires afférents à telle ou telle classe de la population a sensiblement monté depuis cent ans. Un ouvrier terrassier, un facteur ne consentiraient pas à vivre aujourd'hui comme le faisaient leurs prédécesseurs au commencement du siècle. Un relèvement s'est produit dans les habitudes de la basse classe de la population qui fait que l'Etat, pour trouver des employés, a dû hausser ses salaires et ses traitements. Un mouvement semblable s'est produit à tous les degrés de l'échelle sociale, et pour trouver des fonctionnaires aussi éclairés et capables qu'autrefois, l'Etat a dû leur offrir des appointements en rapport avec le train de vie et les habitudes de la bourgeoisie où ils se recrutent.

L'augmentation est pourtant moindre, proportion gardée, pour les traitements élevés que pour les salaires modestes ; d'abord parce que les avantages honorifiques de certaines situations suffisent à attirer le nombre nécessaire de candidats et aussi parce que la diffusion de l'instruction et l'accession d'un plus grand nombre de familles à une fortune moyenne a augmenté dans une forte proportion le nombre des individus que l'Etat peut choisir pour occuper avantageusement ces fonctions. On peut ajouter aussi que dans quelques pays, mais surtout en France, il y a une tendance marquée à délaisser de plus en plus les carrières industrielles et commerciales pour demander aux fonctions publiques et aux emplois de l'Etat les moyens de subsister. C'est là un fait d'une incontestable importance et qui a prêté à bien des critiques ; au point de vue tout spécial qui nous occupe, il pousse évidemment à une baisse des salaires par l'augmentation de l'offre.

L'action de ces causes antagonistes a vivement contribué à empêcher le mouvement de hausse des salaires qui est, somme toute, assez faible comme en témoigne le tableau suivant [1] :

[1] *Le monde Economique*, du 18 mars 1899.

Années	Nombre des employés	Montant des traitements		Traitement moyen	
1846...	188.000	245	millions	1.300	francs
1856...	217.000	260	»	1.350	»
1873...	285.000	350	»	1.400	»
1886...	350.000	484	»	1.450	»
1896...	416.000	627	»	1.490	»

Si on ajoute aux traitements le chapitre des pensions civiles, qui suit une marche parallèle et qui en 1899 monte à 76 millions environ, on constate qu'il s'agit d'une augmentation de 15 0/0 portant sur un ensemble de plus de 700 millions de dépenses et représentant une charge annuelle de 105 millions environ.

III

On peut placer à côté de ces phénomènes d'ordre économique comme produisant des effets analogues, l'accroissement de la population. Comme eux, il exerce sur les budgets une influence directe et en quelque sorte irrésistible mais ici encore, l'effet produit n'est pas immédiat, ni dans une proportion exacte avec l'intensité de la cause. Les budgets ne varient pas en raison directe des mouvements de la population. Quelques dépenses sont absolument fixes quel que soit le nombre des habitants d'un pays, certains frais du gouvernement central, par exemple,

mais la plupart croissent, quelquefois proportionnellement à l'importance de la population, comme
certains frais de police ou d'instruction publique.

L'accroissement n'a lieu que lentement parce que
dans bien des cas le même matériel, le même personnel suffisent pour assurer un service beaucoup
plus chargé, mais comme il y a une limite de travail
qu'ils ne peuvent dépasser, cette limite atteinte on
est obligé d'augmenter numériquement personnel et
matériel, et de faire ainsi des dépenses nouvelles.

Or, depuis le commencement de ce siècle, la population de tous les Etats civilisés a augmenté dans
d'énormes proportions, elle a doublé, triplé et
même plus que quadruplé chez quelques-uns. Depuis 1789, la France a vu le nombre de ses habitants passer de 26 à 38 millions, l'Angleterre de 12
à 38 millions également, et l'Allemagne de 28 à 52
millions. Mais la différence est plus grande encore
en Russie qui compte aujourd'hui 125 millions
d'habitants, cinq fois sa population d'il y a cent ans.

Il est tout à fait impossible de savoir quelle part
est due dans l'accroissement des dépenses d'un pays
à cette cause particulière, mais elle est évidemment
très importante quand la population augmente aussi
vite qu'en Allemagne ou en Russie, et elle n'est pas
négligeable même en France où à un accroissement
de population de 50 0/0 doit correspondre un sensible supplément de dépenses.

IV

Enfin, il est une dernière sorte d'accroissements que nous devons placer un peu à part. Il s'agit de ces augmentations de dépenses dues aux exploitations industrielles, commerciales ou foncières des Etats. Quelle que soit actuellement chez beaucoup d'entre eux, l'importance de ce domaine, il semble qu'il ait le plus souvent été acquis dans un but uniquement fiscal, en vue de procurer un surcroît de recettes, plutôt que dans l'intention d'accroître la sphère d'action des pouvoirs publics. Il nous a donc semblé préférable de ranger dans cette première catégorie de causes d'accroissement des budgets, cette évolution des sources de revenus publics, au lieu que nous étudierons ailleurs l'action des théories qui proposent de substituer l'initiative de l'Etat à l'initiative privée, non plus comme un moyen d'accroître les ressources publiques, mais comme une fin désirable en elle-même, comme une transformation sociale qu'il importe d'accomplir.

C'est donc suivant que l'action de l'Etat sera seulement un moyen ou au contraire le but même poursuivi, que se fera la distinction.

Les entreprises de l'Etat sont exploitées, soit en monopoles de droit ou de fait, soit en concurrence avec l'initiative privée. Le monopole, sauf de très rares exceptions est inspiré par un intérêt fiscal.

C'est, en général, pour percevoir plus facilement un impôt élevé que l'Etat se réserve la fabrication ou la vente exclusive d'un produit, c'est le cas pour le tabac ou les allumettes en France. Parfois, un souci de sécurité publique se joindra à l'intérêt fiscal, mais ce dernier restant toujours dominant ; l'exemple nous en est fourni par les monopoles des poudres ou de l'alcool. Enfin [1], l'exploitation des chemins de fer entièrement ou partiellement réservée à l'Etat et qui, même en ce dernier cas, présente toujours un caractère de monopole, n'a aussi comme but principal que de faire tomber dans les caisses publiques les bénéfices de l'entreprise. Sans doute, on a parfois préconisé ce mode d'exploitation en alléguant des raisons autres : on a dit que l'Etat pourrait diriger le service de façon à favoriser le développement de certaines industries ou de certains commerces et qu'il ferait les arrangements nécessaires pour donner satisfaction à tous les citoyens. Mais ces arguments, outre qu'ils révèlent des tendances dangereuses, ne sont certainement pas les principaux, si on songe à

[1] On a proposé d'attribuer à l'Etat le monopole d'autres industries, le monopole des assurances contre l'incendie par exemple. Une proposition de M. Bourgeois (Jura), député, du 6 juillet 1894, estime que le bénéfice net qu'en retirerait l'Etat serait d'environ 70 millions de francs par an ; les assurés y gagneraient d'ailleurs une sécurité plus grande et l'abaissement des primes.

la considérable importance au point de vue budgétaire de la solution adoptée.

Moins nombreuses et moins importantes sont les
exploitations de l'Etat en concurrence avec l'initiative privée. Les principales sont les mines ou les
forêts qui rapportent à quelques Etats d'importants
revenus [1].

Nous ne voulons pas discuter ici les avantages ou
les inconvénients qui résultent de l'exploitation par
l'Etat, soit en monopole, soit de toute autre façon.
Il suffit que la question ait été résolue en fait : ces
exploitations existent, et même tendent à prendre
dans les budgets publics une place considérable. Elles
y figurent non seulement aux recettes mais aussi aux
dépenses. Or, ces sommes ne représentent pas une
charge réelle pour le contribuable. Les frais d'exploitation auraient été, ou à peu de chose près les mêmes
si on avait recouru à l'industrie privée : par conséquent, les dépenses afférentes à ces entreprises ne
constitueraient une charge que dans la mesure où
elles dépasseraient la recette correspondante ; sauf,
et ce sera souvent le cas pour les industries monopolisées, dans le cas où les dépenses seraient supé-

[1] Les autres établissements, manufactures de tapis ou de
porcelaines, fermes modèles, écoles de vétérinaires ou d'agriculture, ne représentent que des fractions insignifiantes au
point de vue budgétaire. D'ailleurs en ce cas, le caractère
fiscal s'efface devant un souci artistique ou d'intérêt social
supérieur.

rieures à ce qu'aurait coûté un autre mode d'exploitation, car, alors, il y a bien charge jusqu'à concurrence du renchérissement du coût de production. Il ne faudra pas d'ailleurs négliger de faire figurer parmi les dépenses quelques frais peu apparents, tels que la rémunération du capital d'établissement et les pensions de retraite que très souvent on néglige de faire entrer en compte quand il s'agit des entreprises de l'Etat.

L'importance de cette partie du budget est assez variable suivant les pays. Elle semble moins développée chez les peuples Anglo-Saxons qui ont une tendance à restreindre, autant que possible, l'action de l'État ; importante en France, elle est considérable chez plusieurs grandes nations européennes, en Allemagne notamment.

Le budget prussien offre, à cet égard, un exemple remarquable. L'Etat est propriétaire de la plus grande partie du réseau ferré, de nombreuses exploitations commerciales et industrielles, et d'un domaine très important, comme en font foi les chiffres suivants :

Les recettes totales du royaume s'élèvent en prévision pour l'exercice 1899, à 2.326 millions de marks, sur lesquels 92 proviennent des domaines et forêts, 149 des mines et salines et 1.279 des chemins de fer, soit au total 1.520 millions ; près des deux tiers des recettes totales proviennent du domaine de l'Etat.

Mais, bien entendu, les dépenses atteignent aussi un chiffre élevé, elles sont respectivement de 53,128 et 738 millions de marks, au total 920 millions. Encore faudrait-il y ajouter pour être tout à fait exact, les sommes absorbées par l'intérêt et l'amortissement de la dette des chemins de fer, ainsi que les retraites et pensions, c'est-à-dire plus de 350 millions de marks.

Le budget prussien se trouve donc grossi d'une somme de 1.300 millions de marks qui ne représente que des frais de perception et des dépenses d'exploitation, et qui pourtant atteint 56 0/0 de l'ensemble des dépenses.

Il est permis de remarquer que la part occupée dans le budget prussien par des entreprises de ce genre aussi bien en recettes qu'en dépenses est peut-être trop importante, il n'est pas sans inconvénients au point de vue purement financier. La préparation du budget est de ce fait rendue singulièrement délicate.

La prospérité industrielle, l'expansion commerciale ayant sur les recettes de l'Etat une influence considérable, il se produira dans les périodes heureuses des excédents importants, et il est à craindre que les gouvernements ne résistent que difficilement à la tentation d'opérer des dégrèvements ou de créer des dépenses nouvelles. Au contraire, dans les années de crise, l'Etat pourra se trouver dans une situation difficile en présence de grosses moins-values dans les bénéfices de ses usines, mines ou voies ferrées [1].

La Suisse offre une situation assez analogue. Les chemins de fer et postes figurent au budget de la confédération pour 1899, pour une somme de :

42.217.400 francs aux recettes, et 41.817.650 francs aux dépenses, sur un total de 96.525.000 francs.

Si aux recettes on ajoute celles provenant du revenu des immeubles 652.364 francs et du revenu des capitaux 2.105.210 francs, on arrive à un total de 44.874.974 francs qui représente près de 47 0/0 des recettes totales.

Le résultat obtenu en ce qui concerne les dépenses serait sensiblement égal si on tenait compte des intérêts de la dette publique et des pensions afférentes à ces entreprises.

En France, l'importance de cette partie du budget est moins considérable. Les chemins de fer sont, pour la plupart, exploités par des compagnies concessionnaires, et ceux qui appartiennent à l'Etat ne figurent au budget que pour leurs produits nets ; les exploitations industrielles et commerciales autres que les monopoles ne présentent que des chiffres d'affaires restreints. Mais les monopoles avec l'ap-

---

[1] C'est l'opinion émise par M. de Miquel, ministre des finances de la Prusse, lors de la discussion générale du budget de 1899-1900. (*Economiste français* du 1er avril 1899.)

point du domaine des forêts, forment un assez gros total [1].

Nous trouvons aux recettes :

Les tabacs..............	395.163.000	francs
Les allumettes..........	29.253.000	»
Les poudres......	12.052.000	»
	436.468.000	»
Si nous y ajoutons le produit des postes, télégraphes et téléphones.	234.099.400	»
et des forêts........ ..	30.577.670	»
Nous arrivons au total de	701.145.070	»

Aux dépenses figurent :

Les manufactures de l'Etat................	84.003.540	»
Les postes, télégraphes et téléphones.........	177.473.811	»
Les forêts..............	13.946.583	»
	275.423.934	»

auxquels il convient d'ajouter les dépenses des établissements régis ou affermés par l'Etat, dans la mesure où elles sont couvertes par des recettes correspondantes, soit 2.172.160 francs, et une somme de 12.891.500 francs, montant des recettes soi-disant

[1] Ces chiffres sont ceux extraits du *Rapport général au nom de la Commission du budget de 1899,* par M. Pelletan.

nettes des chemins de fer de l'Etat figurant au budget.

En réalité, ce ne sont pas là des recettes véritables; les chemins de fer de l'Etat représentent un capital d'établissement de plus de 700 millions [1]. Ce capital est confondu avec l'ensemble de la dette française. Il n'en est pas moins vrai que les 12 millions de bénéfice doivent être considérés comme venant en déduction des intérêts servis par l'Etat à ses prêteurs.

Il y a donc dans le budget français une somme de dépenses de 290.487.594 francs qui proviennent uniquement de ce que l'on pourrait appeler les frais d'exploitation du domaine industriel ou commercial de l'Etat et qui sont couvertes par des recettes correspondantes ne présentant nullement le caractère d'impôts. Cette énumération est d'ailleurs incomplète, puisqu'il y faudrait ajouter quelques autres chapitres minimes que nous avons négligés, sans compter les pensions de retraites du personnel exploitant qui n'y figurent pas. On arriverait ainsi à un total de 300 millions environ.

Nous en avons ainsi terminé avec l'examen des causes, autres que celles d'ordre politique, qui ont contribué à l'accroissement des dépenses publiques. Accroissement numérique des services rendus nécessaires par l'augmentation de la population, renché-

[1] M. Gruet, dans son *Rapport sur le budget de l'exercice 1897*, estime ce capital à 744.500.000 francs.

rissement des services par suite de la dépréciation de l'argent et de la hausse naturelle des salaires, accroissement des frais de régie et de perception dû à des modifications dans les sources de revenu, enfin, grossissement tout factice produit par des changements dans la comptabilité, telles sont les causes qui rendent compte d'une grosse partie de l'accroissement des dépenses dans tous les Etats. Leur action a été absolument générale, et aucun pays ne s'y est soustrait ; les hommes d'Etat n'ont pu exercer à ce sujet qu'une influence bien faible, et le mouvement s'est produit sans qu'ils aient pu jouer d'autre rôle que celui de spectateurs indifférents ou impuissants.

Les perspectives d'avenir sont assez incertaines, les mêmes causes qui ont procuré des augmentations seraient susceptibles d'agir en sens inverse le cas échéant, mais le plus probable est qu'elles contribueront encore pour longtemps à porter, par une progression lente, mais irrésistible, les budgets d'Etat vers un total toujours plus élevé. C'est ainsi qu'en France l'unité du budget pourrait être rendue plus complète par la réunion au budget général des budgets annexes ; la dépréciation de l'argent, un instant interrompue, est susceptible de reprendre. Enfin, l'Etat cherchera sans doute, dans l'exploitation d'industries nouvelles, dans le monopole des alcools par exemple, un surcroît de ressources.

Mais les phénomènes de cet ordre ne présentent pas autant d'intérêt que ceux de l'ordre politique. Ici les causes des mouvements étant naturelles sont moins susceptibles de contrôle et ne produisent que des effets limités, et d'ailleurs les dépenses dont il s'agit ne nécessitant aucun supplément d'impôts au moins proportionnellement à l'ensemble de la fortune des citoyens, ne peuvent influer sur le développement des forces économiques de la nation.

CHAPITRE II

Causes d'accroissement effectif.

La seconde série de causes d'augmentation du budget est au contraire particulièrement intéressante. Elles ont acquis toute leur importance dans ces dernières années seulement, elles ont provoqué des mouvements énormes dans les chiffres des budgets, elles ont nécessité de véritable dépenses nouvelles et pour y subvenir de nouveaux impôts, enfin leur action peut s'exercer à l'avenir avec la même intensité, se faire sentir encore plus puissante, modifier peut-être profondément l'organisation économique des Etats. Enfin, elles méritent surtout d'attirer l'attention parce qu'ici la volonté du législateur étant en quelque sorte toute-puissante, il ne tiendrait qu'à lui de donner au courant des dépenses la direction et la force reconnues le plus utiles.

Ces motifs d'ordre politique n'ont pas eu une action absolument universelle et générale ; quelques Etats ont pu jusqu'à présent s'y soustraire plus ou moins complètement. Mais très souvent les variations occasionnées ont été très importantes et en

France notamment les budgets fournissent à cet égard de remarquables exemples.

I

D'une manière générale, les plus importantes des augmentations des dépenses publiques doivent être attribuées à une source principale, l'extension donnée aux services publics. C'est une matière qui prête à discussion que de savoir s'il y a théoriquement avantage à étendre les limites du rôle de l'Etat et si la substitution de l'initiative collective à l'action individuelle est une conséquence forcée des progrès de la civilisation ; mais il est certain qu'en fait, il y a dans la plupart des Etats et notamment en France un mouvement marqué dans ce sens et que les budgets des dépenses sont naturellement grossis du montant des frais d'exécution des nouveaux services entrepris. Il peut être intéressant d'évaluer l'importance des résultats produits par cette évolution au point de vue purement financier, et d'examiner ensuite quel serait l'effet des nouveaux systèmes proposés qui sont un acheminement vers un socialisme d'Etat plus ou moins complet.

Celui des services de l'Etat qui dans le dernier quart de ce siècle a augmenté dans des proportions vraiment incroyables, est celui de la guerre et de la marine. Les nations européennes dépensent main-

tenant chaque année pour leur armée et leur flotte
des sommes très supérieures à ce qu'aurait coûté une
guerre au commencement de ce siècle. C'est ce qu'on
nomme le système de la paix armée.

Insister sur ce qu'une semblable situation présente
d'anormal, et énumérer ses multiples inconvénients
économiques et sociaux est inutile. Le fait existe,
indéniable, et malheureusement on ne peut en atténuer les fâcheuses conséquences. Aucun État ne veut,
et avec juste raison, procéder à un désarmement qui
le laisserait sans force en présence de ses voisins.
Le phénomène d'ailleurs, loin d'avoir atteint la période décroissante ou même stationnaire, est encore
en plein développement. Chaque année on voit les
budgets militaires poussés d'étape en étape vers des
chiffres plus élevés, et le poids qui de ce chef pèse
sur tous les États européens commence à devenir
pour eux une gêne insupportable.

L'importance de la question peut être aisément
montrée par quelques chiffres.

Voici quels sont en milliers de francs les dépenses
des ministères de la guerre et de la marine en
France [1].

---

[1] Leroy-Beaulieu, *Science des finances*, II, p. 167.

Années	Guerre	Marine	Ensemble
1830...	233.613	90.367	323.980
1847...	349.810	133.732	483.542
1858...	365.748	133.426	499.174
1868...	461.493	197.306	658.799
1876...	500.037	165.893	665.930
1887...	555.938	188.577	744.515
1891*..	708.470	218.767	927.237
1899...	649.000	302.000	951.000

* Les chiffres de 1871 à 1891 devraient en outre être grossis d'une somme annuelle variable prélevée sur le budget extra-ordinaire et qui ne doit pas être très inférieure à 200 millions.

Ces chiffres ne comprennent d'ailleurs pas l'ensemble des dépenses militaires de la France[1]. M. Pelletan y ajoute les dépenses militaires imputées sur un compte extrabudgétaire dont l'actif est représenté par la vente des terrains des fortifications de Paris et qui monte à 66 millions, soit au total 1.016 millions. Il conviendrait d'y ajouter les pensions militaires qui figurent à la dette viagère de l'Etat et nous arrivons à 1.147 millions[1].

[1] *Rapport général sur le budget de 1899.*

[2] M. Gaston Moch estime les dépenses militaires françaises à un chiffre de 1.101.249.361 francs en 1898. Mais il y comprend non seulement les pensions militaires ce qui est normal mais les dépenses des troupes coloniales qui à notre avis intéressent réellement un autre service.

L'augmentation du budget en 1898, par rapport à celui de l'année précédente, serait de 36.403.227 francs. (*Journal des Economistes*, mars 1899.)

Le rapport de M. Pelletan fait ressortir une particularité remarquable de nos dépenses militaires. Il y a, dit-il, deux sortes de dépenses, « les unes qui ne semblent guère exposées à varier par leur nature, ont pour objet l'entretien et l'instruction de nos forces de défense, les autres se rapportent à la création de l'outillage de combat. Ces dernières peuvent changer du tout au tout selon qu'on a à mener à bonne fin ou qu'on a terminé la reconstitution d'une partie de l'armement. Eh bien ! ce qui s'accroît dans des proportions considérables, c'est la première partie de ces dépenses ; elle était de 550 millions en 1889, ce chiffre s'est successivement élevé à 593 et 598 millions, après les réductions opérées par nous sur les chiffres proposés, elles restent à 624 millions. »

En ce qui concerne les dépenses militaires des pays étrangers, les chiffres fournis sont assez variables, selon qu'on y comprend les pensions de retraite, les frais auxquels subviennent les budgets locaux, etc. Mais, au moins sont-ils suffisants pour faire ressortir nettement la progression des dépenses, surtout en ces dernières années.

La situation est la suivante pour les Etats continentaux européens :

Pour la Russie [1] :

Années	Guerre	Marine	Ensemble
1880.	189.669.000 roubles.	28.546	218.215.000 roubles
1890.	222.041.000 —	39.193	261.174.000 —
1897.	288.808.000 —	67.050	·355.858.000 —
1899.	327.700.000 —	83.000	410.700.000 —

Pour l'Empire d'Allemagne, les dépenses militaires auraient été de [2] :

Années	Guerre	Marine	Ensemble
1872.		31.000	
1877.	323.553 000 marks		
1890.	416.927.000 —	71.000	487.927.000
1898.	595.456.000 —	116.000	711.456.000 marks.

Soit environ 882 millions de francs. M. Pelletan n'indique que 822 millions, mais M. G. Bloch (*Journal des Economistes* de mars 1899) parle de 1.023 millions de francs.

Bien entendu, les autres nations du continent ont suivi cet exemple, et les pays mêmes qui par leur situation géographique sont dans une situation privilégiée au point de vue militaire, sacrifient à la mode générale des armements. En Angleterre, par exemple, la progression est la suivante :

---

[1] *Economiste français*, 15 avril 1899.
[2] *Economiste français*, 15 avril 1899.

Années	Guerre		Marine	Ensemble
1835 [1].....	7.558 mille liv. st.		4.099	11.657
1847........	10.488	—	8.013	18.501
1868-69....	15.525	—	11.366	26.891
1887-88....	18.187	—	12.325	30.402
1897-98 [2]..	17.271	—	20.520	37.791

Telle est actuellement la situation de l'Europe. « Des dépenses aussi colossales ne sauraient certainement pas être productives. Elles épuisent les sources des revenus des nations, contribuent à l'augmentation des impôts, paralysent le fonctionnement des organes financiers du pays et arrêtent le développement du bien-être général. Les meilleurs esprits de tous les pays se sont appliqués de tout temps à trouver un moyen d'assurer la paix autrement que par l'accroissement des forces militaires, c'est-à-dire sur les principes du droit et de l'équité, en soumettant les différends entre nations à l'arbitrage, de manière à mettre fin à cette théorie vraiment barbare qui identifie la civilisation avec les

[1] *Science des finances*, P. Leroy-Beaulieu.
[2] Environ 954 millions de francs. Ces chiffres comprennent les pensions militaires qui montent à :

3.891 mille livres pour la guerre ;
2.164 — la marine.

6.055

perfectionnements toujours nouveaux apportés aux moyens de destruction [1]. »

Les efforts tentés en ce sens n'ont malheureusement pas encore abouti à des résultats satisfaisants et le moment ne semble pas encore venu où les Etats pourront non pas même diminuer mais seulement maintenir stationnaires leurs dépenses militaires.

Si nous avons placé un peu à part cette fonction de l'Etat qui consiste à assurer la protection de la communauté à l'extérieur, c'est parce que jusqu'ici la conduite de chaque pays n'est pas absolument libre, mais en quelque sorte subordonnée à la conduite de ses voisins, qu'il est tenu dans une certaine mesure de suivre dans la voie où ils s'engagent. Mais nous arrivons maintenant à l'examen de toute une série de fonctions générales qui peuvent être plus ou moins développées selon la seule volonté de chacun.

Le nombre des fonctions de l'Etat est essentiellement variable suivant les temps et les lieux ; il paraît soumis à la loi de l'évolution. Un certain nombre de ces fonctions paraissent essentielles et d'autres facultatives, mais pour les distinguer les unes des autres il n'y a pas de critérium certain. Le seul

[1] *Messager officiel de Russie*, journal de Saint-Pétersbourg du 14-26 septembre 1898.

moyen est d'examiner ce qui se passe à un moment déterminé dans quelques Etats parvenus au même degré de civilisation et de voir quelles sont les fonctions qu'ils se sont attribuées.

La plus ancienne et la plus généralement exercée est la protection de la communauté qui nécessite outre l'entretien des forces militaires, l'organisation d'un service diplomatique ; de même incombe partout à l'Etat le maintien de la sécurité à l'intérieur pour chacun des membres de la communauté, sécurité obtenue grâce à la police et à la justice administrative et judiciaire. A ces fonctions correspondent les ministères de la Justice, des Affaires étrangères et une partie de celui de l'Intérieur, aussi ces budgets et ces ministères n'ont-ils subi que des modifications relativement faibles suivant les perfectionnements apportés aux services.

Ainsi le ministère de la Justice figurait au budget pour les crédits suivants :

1830................	19.266 mille francs	
1840................	20.848	»
1860................	27.703	»
1868................	33.181	»
1899.........	35.078	»

L'augmentation y est donc relativement peu importante, surtout pour les dernières années, de même qu'aux affaires étrangères qui réclament en

1830................	8.942 mille francs	
1840................	10.669	»
1860................	13.404	»
1868................	13.552	»
1899..............	15.906	»

Au contraire, dans quelques pays de civilisation relativement récente, ces services et par suite les dépenses qu'ils entraînent, n'ont reçu une réelle extension qu'à une époque plus rapprochée. En Russie par exemple les crédits du ministère de la justice sont en

1871.............. de	11.226 mille roubles	
1885..............	20.145	»
1895..............	27.955	»

Mais en poursuivant l'examen du mouvement spécialement en France, nous trouvons encore un autre budget qui n'a subi que de faibles changements depuis sa création, parce que le service qu'il assure reste immuable et que même l'Etat tend à s'en désintéresser peu à peu, celui des Cultes qui

en 1830 était de 36.188 mille francs		
et qui après avoir en 1847 atteint 38.813		»
et en 1868..... 53.882		»
est en 1899 descendu à 43.065		»

Nous arrivons maintenant aux ministères qui ont pris un considérable développement, soit qu'il s'agisse de charges nouvelles assumées par l'Etat, ou seulement d'importants perfectionnements apportés à des services déjà anciens.

L'Etat a cru devoir prendre la haute direction du Commerce, de l'Industrie et de l'Agriculture ; les Travaux publics ont pris une énorme extension ; les Postes et les Télégraphes dont l'Etat est depuis long-temps l'entrepreneur prennent une importance tou-jours croissante ; les entreprises coloniales quelque peu délaissées au début de ce siècle sont aujourd'hui presque partout poussées avec ardeur ; enfin l'en-seignement autrefois laissé en grande partie à l'ini-tiative privée est maintenant largement exercé par l'Etat.

Le Service des Postes, Télégraphes et Téléphones est le moins intéressant de tous. Il ne s'agit là que d'une entreprise depuis longtemps entre les mains de l'Etat et qui n'a dû son développement qu'à des circonstances fortuites, inventions mécaniques ou physiques, et intensité croissante des relations com-merciales. Il est d'ailleurs à remarquer qu'il s'agit ici d'une entreprise présentant un caractère spécial, puisque ses recettes dépassent ses dépenses et qu'elle est pour l'Etat une source de revenus. Les frais d'exploitation de ce service sont passés de 37 mil-lions en 1865 à 110 millions en 1880, lors de l'adjonc-tion du service télégraphique ; ils sont aujourd'hui de 177,5 millions de francs.

Les encouragements et les soins donnés par l'Etat au Commerce, à l'Industrie et à l'Agriculture occasionnent aussi une forte augmentation, puisqu'en :

1830, il s'agissait d'une dépense de 10.868.000 francs,
1847,   —   —   14.018.000   »
1899,   —   —   62 000.000   »

Déduction faite des Postes et Télégraphes et pour le Ministère de l'Agriculture des dépenses des forêts qui, autrefois, figuraient au Ministère des Finances.

Il est d'ailleurs remarquable que l'effet utile produit n'a été aucunement proportionnel à l'augmentation des dépenses, et les budgets de ces ministères sont certainement très sujets à critiques.

Mais, à coup sûr, les trois fractions les plus intéressantes du budget français sont celles de l'Instruction publique et des Beaux-Arts, des Travaux publics et des Colonies. Il s'agit ici de fonctions ayant pris dans tous les Etats, et surtout en France, un très considérable accroissement. Or, il est à remarquer qu'aucune de ces fonctions de l'Etat ne lui est absolument spéciale ; toutes ont été ou sont encore susceptibles d'être exercées par des groupements sociaux indépendants, soit d'une façon exclusive, soit en concurrence avec l'Etat, et c'est ce qui se produit encore dans quelques pays.

Les grandes compagnies privilégiées ont été tout d'abord et pendant une longue période le mode

d'expansion coloniale préféré. Tombées peu à peu
en discrédit, elles semblent aujourd'hui retrouver
quelque faveur, et l'Angleterre et l'Allemagne en ont
récemment créé quelques-unes. Mais dans ce siècle,
la France n'en a pas fait usage, et le budget de l'Etat
seul a fait les frais des entreprises coloniales.

Or, notre empire d'outre-mer, réduit presqu'à
néant au commencement de ce siècle, a, surtout
depuis quelques années, pris un énorme développement.

On espère, et il vraisemblable que le pays trouvera
un jour une importante source de richesses dans ses
dépendances coloniales ; aussi, ne faut-il pas regretter l'accroissement du budget de ce ministère, qui
était, en 1869, de 27.121.000 francs, et qui, aujour-
d'hui, atteint 87.726.000 francs.

Sur ce total, 64.913.000 francs sont absorbés par
les frais de l'occupation militaire des pays conquis ;
c'est la meilleure justification de la cause de l'augmentation des dépenses [1].

On peut d'ailleurs espérer qu'à un moment donné
nos colonies pourront subvenir, au moins en
partie, à leurs propres dépenses, allégeant ainsi le
budget de la métropole. Le fait se produit déjà pour

---

[1] Pour être tout à fait exact, il conviendrait de retrancher de ces chiffres les frais de l'administration pénitentiaire
qui ne sont pas des dépenses coloniales proprement dites et
qui étaient de 5.122.000 francs en 1869 et de 9.103.000 en 1899.

les colonies anglaises, dont la plupart sont de véritables Etats indépendants au point de vue financier
et possédant un budget autonome. Aussi, les posses-
sions coloniales britanniques, beaucoup plus éten-
dues que les nôtres, ne figurent au budget que pour
336.389 livres sterling de dépenses civiles et pour
1.415.000 livres sterling de dépenses militaires ; soit
1.751.389 livres sterling, ou 43 millions et demi de
francs au total.

Il est très vraisemblable que la France suivra
l'Angleterre dans cette voie et que les dépenses coloniales figureront dans les budgets de la métropole
pour des chiffres sans cesse décroissants.

Le soin de veiller au bon entretien des voies de
communication, routes, rivières et fleuves, canaux,
chemins de fer, incombe depuis longtemps à l'Etat.
Mais au courant de ce siècle un développement
immense a été donné à ces divers travaux. Les
routes nationales mesurent aujourd'hui 40.000 kilomètres au lieu de moins de 30.000 en 1814, et les
canaux 4.300 kilomètres au lieu de 1.200.

D'ailleurs, l'Etat non seulement créait et entrete-
nait des voies nouvelles, mais encore il renonçait à
l'ancien système des concessions de voies à des
compagnies rémunérées au moyen de péages, système qui, pour les canaux et les ponts, était fort
employé. Il en résultait la nécessité d'abord d'in-
demniser les compagnies concessionnaires, puis

d'inscrire au budget les crédits nécessaires à l'entretien de ces ouvrages, double source d'accroissement des dépenses publiques.

Les sommes dépensées par le ministère des travaux publics peuvent être divisées en deux catégories; celles consacrées aux frais d'administration et d'entretien, les autres aux travaux neufs.

Ces dernières sont essentiellement variables; suivant l'urgence des travaux et le bénéfice que la nation en doit retirer on peut être amené à dépenser en de certaines années des sommes très supérieures à ce que peuvent fournir les revenus ordinaires de l'Etat. On recourt alors aux ressources extraordinaires, à l'emprunt. De tels emprunts, s'ils ne sont pas exagérés et si les travaux présentent une réelle utilité ne sont nullement blâmables et on y a fréquemment recouru [1].

Sans rechercher ici ce qui se rapporte aux travaux neufs, à cause de l'extrême variabilité des crédits dépensés annuellement, examinons seulement les dépenses permanentes du budget des tra-

[1] Assez souvent en France on a employé ce fâcheux procédé d'inscrire au budget extraordinaire les dépenses effectuées en fonds d'emprunts, mais on a aujourd'hui renoncé à cette pratique.

vaux publics. Celles-ci s'élevaient exactement en :

1830 à...............	54.379	mille francs
1847 à...............	69.474	»
1869 à...............	81.199	»
1899 [1] à...............	154.268	»

Il y a là une augmentation parfaitement normale, bienfaisante même pour l'ensemble du pays et qui est très bien expliquée par ces deux causes : l'extension donnée aux voies de communication et la mise à la charge de la communauté de dépenses autrefois rémunérées par des péages.

L'immense majorité des pays civilisés imite d'ailleurs la France en ce point [2].

On ne pourrait guère citer que l'Angleterre qui laisse autant que possible aux comtés et aux bourgs

[1] Ainsi réparties :

Dépenses ordinaires..........	80.311.000 francs
annuités, remboursements, garanties des intérêts..............	73.957.000 francs
	154.268.000 francs

[2] Le budget des travaux publics en Russie présente les mouvements suivants :

1880........,....	24.547	mille roubles
1890.........	100.389	»
1895.........	257.949	»
1897.........	378.677	»

progression nullement anormale si l'on considère qu'il s'agit d'un pays où beaucoup est encore à faire et où l'outillage national est encore très incomplet

ou à des associations privées le soin de créer et d'entretenir des travaux qui, partout ailleurs, sont à la charge de l'Etat.

C'est ce qui explique la faiblesse relative des dépenses de l'Angleterre pour cet objet. La croissance pourtant est rapide :

1837........	299 mille livres sterling	
1867........	724	»
1880........	1.366	»

ou 34 1/2 millions de francs, somme très inférieure aux dépenses françaises [1].

Mais celle des fonctions de l'Etat qui, au courant de ce siècle, a subi les modifications les plus importantes, est celle de l'instruction publique.

L'Etat l'a pendant longtemps abandonnée aux individus et aux groupements sociaux ; aujourd'hui il l'exerce dans la plupart des pays en concurrence avec l'initiative privée. On n'est pas absolument d'accord sur le point de savoir si l'enseignement est une fonction essentielle ou seulement facultative de l'Etat, si même il est à souhaiter qu'il l'exerce. La question en théorie semble devoir être résolue par l'affirmative, en tous cas elle est depuis longtemps résolue en fait et dans presque tous les pays d'Europe on a très largement entrepris l'exécution d'un

[1] Leroy-Beaulieu (*Science des finances,* II, p. 173).

programme d'instruction générale par l'Etat et à ses frais.

Le développement qu'a pris ce service en France est aisément aperçu par le seul énoncé des chiffres du budget de l'instruction publique aux diverses époques :

1830............	2.258 mille francs	
1847............	18.275	»
1869............	40.584	»
1879............	72.400	»
1883............	149.715	»
1892............	178.512	»
1899	201.709	»

Le grand mouvement d'extension ne date donc que d'une vingtaine d'années. Mais il est bon de remarquer qu'il ne s'agit pas là de la création d'un service nouveau en soi; mais seulement de la mise à la charge de l'Etat, de dépenses autrefois supportées par les particuliers, les associations spéciales et les localités.

Pendant très longtemps, l'Angleterre a laissé à ces dernières le soin de ce service, qui n'était inscrit au budget de l'Etat que pour des sommes relativement faibles ; mais, dans ces dernières années, la situation a complètement changé, et le budget anglais supporte de ce chef une charge à peu près égale à celle de la France.

Le département de l'éducation, science et art dépensait en :

1817............   82.000 livres sterling.
1837............   174.000   »
1857............   1.062.000   »
1877............   3.182.000   »
1897............   9.537.000   »

soit 240 millions de francs.

Ce chiffre peut paraître supérieur à celui du budget de l'instruction publique français ; mais il faut, à ce dernier, ajouter les pensions qui sont comprises dans le budget anglais et qui, chez nous, figurent à la dette viagère.

Il faut ajouter aussi le montant du budget des Beaux-Arts, qui est compris dans le total anglais et qui chez nous est évalué à part pour un total de 15.764 mille francs en 1899. On peut donc dire que les deux pays font pour l'instruction publique et les Beaux-Arts des dépenses sensiblement égales.

Il est du reste vraisemblable que l'augmentation subie de ce chef par nos budgets est arrivée à son terme, car il s'agit d'un service aujourd'hui presque complètement organisé. Au contraire le mouvement peut être encore considérable pour des pays qui comme la Russie ne dépensent que des sommes très inférieures pour un territoire plus vaste et une population plus nombreuse :

La Russie a dépensée en

1871...................... 10.572 mille roubles

1885...................... 20.146 »

en 1899 elle se propose de dépenser 28.700

ou 76 millions 1/2 de francs, somme sans doute très inférieure aux frais qui deviendront nécessaires quand l'organisation de l'enseignement aura reçu tout le développement convenable.

L'exemple de l'instruction publique montre l'influence que peut avoir sur les budgets l'entreprise d'une fonction nouvelle, puisque dans deux pays, la France et l'Angleterre, il y a eu de ce chef un accroissement de dépenses de 200 millions environ en 70 ans. L'examen des modifications apportées aux autres services rend compte de l'emploi de plusieurs autres centaines de millions de dépenses nouvelles. Il s'agit donc là d'un phénomène qui dans le passé a eu une importance essentielle. Quelles sont maintenant les perspectives de l'avenir ?

Les fonctions actuelles de l'Etat sont encore susceptibles, en arrivant à leur développement complet, d'occasionner quelques surcroîts de dépenses quoique la plupart d'entre elles, l'enseignement ou les travaux publics, par exemple, soient à peu près parfaitement organisées. Il ne serait même pas impossible de voir quelques réductions opérées sur les budgets des Colonies ou de la Justice.

Enfin on peut espérer voir à une époque encore

incertaine diminuer les gros chapitres des dépenses militaires.

L'avenir semblerait donc ne pas réserver de grosses modifications, si une certaine fraction du ministère de l'intérieur ne menaçait de prendre à son tour un accroissement considérable, dans le cas où l'Etat se chargerait d'exercer une nouvelle fonction que certains prétendent lui imposer. — Nous voulons parler de ces devoirs de protection des faibles qui résulteraient, dit-on, pour l'Etat, de la reconnaissance des droits à l'existence de la part de tous les habitants du pays. Les partisans de cette théorie proclament « que le but économique des sociétés progressives est certainement contenu dans cette proposition : organiser la production et la répartition des richesses de façon que le droit à une suffisante vie soit assuré à tous les êtres humains ; aux valides par le travail, aux invalides par la solidarité sociale [1] ».

L'adoption de ce principe entraînerait comme conséquence nécessaire la création d'une assurance sociale générale contre le chômage, la maladie, les accidents du travail, la mort des soutiens de famille, l'invalidité et la vieillesse. — Il s'ensuivrait pour le budget une charge de 3 milliards par an. — Les ressources seraient obtenues grâce à un impôt sur les successions [2]

[1] Benoit Malon, *Le socialisme intégral*, II, p. 119.
[2] Benoit Malon, *op. cit.*, p. 164. Cet impôt d'après le projet de loi André Godin produirait 2 1/2 milliards par an.

et « la reprise par l'Etat et les communes selon les cas, de tous les monopoles concédés à des particuliers tels que chemins de fer, mines, entreprises d'éclairage et de tractions urbaines, etc. [1] »

Cette augmentation du budget ne paraît pas aux auteurs de ces projets un obstacle, et ils ne pensent pas « qu'il soit monstrueux que l'on sacrifiât 3 milliards par an pour que tous les enfants aient un berceau, toutes les mères le nécessaire, tous les infirmes et tous les vieillards le pain, l'abri et les soins réclamés par leur état ».

Telles sont les conséquences rigoureusement déduites du principe de solidarité sociale. — Il a paru difficile de les faire admettre directement dans la pratique ou peut-être sont elles réellement empreintes d'exagération, en tout cas les auteurs de propositions législatives ont cru devoir les atténuer sensiblement. — Diverses propositions de loi sur les assurances et sur les retraites, peuvent à quelques détails près être ramenées au type que présente M. Escuyer [2]. Il s'agit d'assurer aux travailleurs, ou à leurs veuves, des pensions variant de 250 à 500 fr. par an, en cas d'infirmité ou de vieillesse, plus une indemnité et des secours en cas de maladie [3]. Une

[1] Benoit Malon, *op. cit.*, p. 167.
[2] Proposition de loi, présentée par MM. Jaurès, Millerand, Viviani, Pelletan, etc., le 4 novembre 1897.
[3] Proposition de loi présentée par M. Chauvière, député, le 19 octobre 1897.

partie des frais seraient couverts par des versements des patrons et des ouvriers, ceux restant à la charge de l'Etat sont évalués à 368 millions au maximum [1].

Il ne nous appartient pas de discuter les mérites que présente ce projet, pas plus que de prendre parti sur la question de savoir si « le but de la société est non seulement de diminuer l'âpreté du combat de la vie, mais surtout d'assurer le progrès moral par l'aide mutuelle de tous les citoyens et la protection du malheureux et du faible [2] ».

Il nous suffit de signaler l'existence d'un mouvement prononcé de l'opinion en ce sens et de montrer les effets possibles que produirait un jour sur le budget leur mise en œuvre.

Ce sera là un accroissement de dépenses considérables, si on le compare à ce que donne aujourd'hui l'Etat pour le même objet. Les crédits, concernant d'une part les fonctions de mutualité et de secours mutuels, de l'autre l'assistance publique, figurent au budget de l'intérieur. Presque tous ont été créés par des lois récentes. Les lois successives du 23 décembre 1894, du 15 juillet 1893, la loi de finances de 1897, tendent à procurer des secours ou

[1] Le projet de M. Chauvière, qui n'exige aucune contribution de l'ouvrier ni du patron, estime à 600 millions la charge de l'Etat.

[2] Exposé des motifs d'une proposition de loi, présentée par M. Jouffray, député, le 28 janvier 1895.

des soins aux enfants, femmes en couches, vieillards
et incurables[1]. Elles imposeront à l'Etat une charge de
10.465.000 francs en 1899[2]. « Charge que la République s'est imposée pour venir en aide à toutes les catégories de faibles et de malheureux. » Il semble même
à vrai dire que, dans ce cas, les crédits alloués sont
absolument insuffisants et presque dérisoires.

D'autre part, l'Etat donne aux sociétés de secours
mutuels, sous une forme plus ou moins directe,
2.900.000 francs[3]. Somme négligeable, si on la compare à ce que demanderait l'exécution d'un des
plans d'assurance sociale que nous examinions tout
à l'heure. Il y a donc là, nous ne dirons pas une
menace, car ce serait déclarer que toute mesure de
ce genre paraît fâcheuse, mais une possibilité de
changements très considérables apportés dans l'organisation des budgets d'Etat.

[1] *Rapport sur le budget de l'intérieur de l'exercice 1898,* par
M. Maurice Lasserre, député, 20 juillet 1897.

[2] Les principaux chapitres sont ceux des enfants assistés
ou moralement abandonnés, soit 4.900.000 francs, et de
l'assistance médicale gratuite, 1.450.000 francs.

[3] Subventions aux sociétés de secours
mutuels................................ 810.000 francs.
Majoration de pensions de retraite des
membres des sociétés de secours mutuels. 900.000 »
Bonification d'intérêts aux membres des
sociétés de secours mutuels. (Loi du
1er avril 1898)... .... 1.190.000 »
                                        ─────────────
                                        2 900.000 »

II

L'extension donnée à l'action de l'Etat explique dans une large mesure les augmentations de dépenses des services publics, mais il s'en faut de beaucoup que cette extension soit due uniquement à la mise en œuvre de vues générales, de principes dûment discutés et mûrement examinés dans leurs conséquences notamment au point de vue budgétaire. Il est certain aussi que dans beaucoup de cas l'accroissement des dépenses a été hors de proportion avec l'augmentation des services rendus aux contribuables. On en a conclu que si les budgets se sont accrus avec une rapidité si grande, la faute en est due en partie à la légèreté et à la prodigalité des gouvernements.

Des accusations de ce genre ont souvent été portées contre les pays à gouvernement démocratique, en particulier, et on a dit que ce n'était pas des gouvernements à bon marché. Cette opinion paraît justifiée si on se rapporte aux exemples de la France et des Etats-Unis d'Amérique. Sans doute, il ne faut pas exagérer et il faut reconnaître que les abus dans l'emploi des deniers publics existent d'une façon à peu près générale et quelle que soit la forme du gouvernement. C'est ainsi que le désir d'assurer la popularité d'une dynastie a pu produire les mêmes effets que la recherche de la réclame électorale. En

France même on en pourrait trouver aisément des exemples. Le gouvernement de juillet imposa aux contribuables une charge énorme en se refusant à procéder à la conversion des rentes alors qu'elles dépassaient de beaucoup le pair, et cela uniquement pour ne pas déplaire aux rentiers, tout puissants dans un moment où les élections se faisaient suivant un régime censitaire. Mais si les abus sont de tout temps et si c'est en apparence seulement qu'ils sont plus fréquents dans les pays à constitution démocratique, du moins ils y jouissent d'une publicité plus grande et cette raison suffit pour qu'on en fasse plus aisément l'étude.

D'une façon générale, on peut dire que les abus financiers sont dus dans une démocratie soit aux nécessités de la réclame électorale, soit à l'exploitation des deniers ou de la puissance publique par ceux à qui en est confiée la gestion. Il serait facile de fournir de nombreux exemples de ce dernier cas et pour ne parler que des Etats-Unis, ce n'est nullement un mystère que dans bien des cas le parti au pouvoir a exploité le vaste champ du budget comme une propriété personnelle; mais il suffit d'examiner ici les abus occasionnés par les nécessités du suffrage universel.

Ils peuvent tous se ramener à deux catégories : dépenses excessives faites en faveur des fonctionnaires, ou mesures prises en faveur de la masse de la population. Sans doute, les sommes dépensées sont fournies par la communauté et il semblerait que donner à quelques-uns l'argent fourni par tous les autres dût mécontenter le plus grand nombre. Mais il est certain que les contribuables sont beaucoup moins attentifs à la manière dont sont gérées les finances publiques qu'ils ne sont eux-mêmes ou que ne sont les fonctionnaires à quelque dépense faite en leur faveur.

En outre, dans un système de suffrage universel où chacun ne peut disposer que d'une seule voix, il arrive que la masse des électeurs, la majorité, ne paye qu'une faible fraction des impôts, la plus grande part de ceux-ci étant fournis par une minorité de contribuables fortement imposés ; et qu'ainsi la majorité profitant des dépenses faites pour une somme supérieure à ce qu'elle a payé, même s'il y a gaspillage, pousse sans cesse à des dépenses nouvelles. Les seuls individus lésés sont les gros contribuables qui, ne formant qu'une infime minorité, sont hors d'état d'exercer leur influence.

Parmi les nombreux exemples de gaspillage que l'on attribue à la forme démocratique du gouvernement, il en est deux, particulièrement caractéristiques, qui se sont produits en France dans le dernier quart de ce siècle, l'exagération des travaux publics et le développement du fonctionnarisme. L'un et l'autre ont suscité de nombreuses réclamations et elles ne semblent pas injustifiées.

Les travaux publics peuvent être exécutés par
l'Etat au moyen de ressources fournies par l'impôt
ou l'emprunt. Dans le premier cas l'action de l'Etat
est très heureuse [1] : « L'impôt peut et doit être une
forme collective de l'épargne nationale. Il est légitime que l'Etat fasse au nom de la nation une épargne
collective, qu'il agrandisse le patrimoine public des
citoyens, qu'il perfectionne l'outillage national. En
le faisant il sert les vues générales de la civilisation,
qui doit multiplier sans cesse les richesses artifi-
cielles d'un usage universel et gratuit tels que les
canaux, les routes, les ports, les établissements
d'instruction. Si l'on recherche en quoi un pays
civilisé diffère d'un pays barbare, on trouve qu'un
des traits caractéristiques du pays civilisé est précisément cette grande importance de l'outillage
public, qui n'a pu être créé que par l'épargne collective de la nation recueillie sous forme d'impôts. »

Dans certains cas, l'impôt ne suffit pas à fournir
les sommes nécessaires, et on doit recourir à l'emprunt ; il n'y a pas d'inconvénients si les travaux
exécutés sont utiles et si l'accroissement de richesse
qui en résulte pour la nation suffit à compenser les
charges de la dette contractée. Il serait bon pourtant
de ne pas perdre de vue que, les travaux exécutés
étant sujets à dépréciation avec le temps, la dette

[1] Leroy-Beaulieu, *Sciences des finances*, I, p. 126.

contractée pour leur exécution doit, en bonne justice, être amortie aux frais des générations qui font
usage de ces travaux et non léguée intacte aux générations futures.

Enfin, quelle que soit la provenance des sommes
dépensées, il est clair qu'on ne doit les employer
qu'à des œuvres réellement utiles, et exécutées dans
les meilleures conditions d'économie par le Trésor
public.

Or, il est à peu près prouvé par de nombreux
témoignages que les travaux publics entrepris, en
France, depuis vingt-cinq ans, pour ne pas parler
de ceux ordonnés par le second empire, ont été très
souvent inutiles, qu'ils n'ont pas été exécutés dans
les meilleures conditions d'économie, enfin, qu'on a
procédé avec trop de hâte, obligeant ainsi la France
à contracter une dette trop importante et dont
l'amortissement est mal assuré[1].

Le grand plan de travaux publics connu sous le
nom de plan Freycinet, était dans la pensée de ses
auteurs, Gambetta et M. de Freycinet, destiné à
fondre et affermir la République au moyen d'un
développement, sans exemple, des travaux publics.
M. de Freycinet exposa ce plan dans un discours
prononcé à Boulogne-sur-Mer, le 8 septembre 1878.

[1] Cucheval-Clarigny, *La situation financière de la France.*
(*Revue des Deux-Mondes,* du 15 septembre 1886, p. 376 et suiv.).

Il s'agissait d'exécuter quatre milliards de travaux
en dix ans. — Telle qu'elle était présentée, cette
entreprise n'était pas exagérée pour un pays comme
la France. — La situation financière était d'ailleurs
brillante à ce moment, les impôts fournissant
chaque année de magnifiques plus-values. M. Léon
Say, par un ingénieux système d'emprunts en rentes
amortissables et d'emploi des fonds des caisses
d'épargne, pensait pouvoir fournir aisément et sans
dommage pour les finances publiques, les quatre
cents millions annuels nécessaires à l'exécution du
plan.

Malheureusement on ne garda pas la mesure
nécessaire. « La Chambre, dit M. Cucheval-Clarigny[1],
ne s'est refusé aucune dépense, aucune création
quelque coûteuse qu'elle dût être, aucune entreprise nouvelle, quelque douteuse qu'en pût être
l'utilité. Les convoitises locales et les compétitions
de clocher qui se formulaient en exigences irrésistibles, les préoccupations électorales qui comman-
daient de ne pas marchander aux populations les
satisfactions les moins légitimes, tout concourait à
donner aux travaux des proportions démesurées. »
En même temps, des abus analogues se produisirent
pous les écoles et lycées, pour les chemins vicinaux.
Les dépenses dépassaient de beaucoup les quatre

[1] Cucheval-Clarigny, *op. cit.*, 376.

cents millions annuels prévus par le plan primitif.

Elles furent en :

1879 de.................	285.395.742	87
1880	606.606.855	32
1881	972.765.103	36
1882	681.607.531	33
1883	608.050.804	»
	3.154.426.036	88

Mais le gouvernement obtint aux élections de 1881 un succès très marqué.

L'exagération des dépenses rendit la situation financière assez difficile, comme le constate M. Tirard, ministre des finances, à propos des budgets de 1884 :

« Si on avait su prendre son temps, opérer avec patience, avec modération, et si on n'avait pas voulu tout faire à la fois, la situation ne serait pas embarrassée ; mais on a voulu faire en même temps des chemins de fer, des ponts, des canaux, des routes, des chemins vicinaux, des écoles : véritablement on a excédé les ressources disponibles. » On les excéda d'ailleurs d'autant plus que, tandis que les dépenses augmentaient, on procéda à 200 millions de dégrèvements d'impôts, et que les moins-values dans les recettes venaient subitement remplacer une série de grosses plus-values.

Il fallut alors recourir à l'emprunt dans une large

mesure. Mais outre que la dette contractée fut trop importante, elle fut placée dans des conditions défectueuses : « En effet, si le crédit de la France, dit M. Godefroy Cavaignac[1], n'était pas ébranlé par ces emprunts continus qui atteignaient pour une période normale les sommes qui naguère n'avaient été nécessaires que dans les crises exceptionnelles, le danger était cependant manifeste et les pouvoirs publics étaient amenés à rechercher de toutes parts les intermédiaires pour éviter les appels directs et répétés au crédit. Or, l'État empruntant par des intermédiaires dont le crédit était, en général, inférieur au sien, dut payer des intérêts plus élevés que s'il s'était adressé directement au public[2]. En outre, tout un système de caisses spéciales, caisse des écoles, caisse des chemins vicinaux, ayant été créé dans le but d'embrouiller et de cacher au public la situation véritable, il s'ensuivit une si grande complication des finances, que les législateurs eux-mêmes avaient quelque peine à distinguer la situation véritable.

[1] *Rapport général au nom de la Commission du budget de 1892*
[2] C'est l'opinion exprimée par M. Caillaux, ministre des finances, à la séance de la Chambre du 21 novembre 1899 « Je ne connais rien de plus onéreux pour le Trésor que l'habitude prise au courant de ce siècle, d'emprunter perpétuellement par des intermédiaires plutôt que de s'adresser directement au public selon les conditions du crédit de l'État. »

La précipitation et l'exagération des emprunts les
rendirent en définitive très onéreux pour l'Etat, et
ils sont d'autant plus blâmables que beaucoup des
travaux exécutés aussi à la hâte, non seulement ne
présentaient aucun caractère d'urgence, mais
n'étaient même que d'une utilité au moins contes-
table [1]. Enfin il est un autre reproche formulé par
de nombreux critiques c'est que les travaux furent
exécutés dans des conditions défectueuses.

Nous ne parlons pas du tracé de certaines routes,
canaux ou chemins de fer, combinés bien plus pour
plaire à certaines personnalités ou circonscriptions
électorales, que suivant les besoins réels, mais seulement de la dissémination des travaux sur tous les
points du territoire pour satisfaire plus de circonscriptions à la fois : « Ce qui frappe, dit M. de Las-
teyrie [2], quand on examine l'emploi des sommes
dépensées depuis quinze ans, c'est de voir combien
on les a disséminées sur tous les points du territoire,
et combien aujourd'hui encore nous disséminons
les forces insuffisantes dont nous pouvons disposer. »
Il en résulte que certains travaux vraiment utiles
restent longtemps inachevés, il en résulte surtout
une grosse augmentation de dépenses, parce que les
travaux menés lentement coûtent beaucoup plus

[1] Voir exemples cités par M. Le Trésor de la Roque ; *Les
Finances de la République*, Gervais 1884, p. 135 et suiv.
[2] *Rapport sur le budget des travaux publics en 1898.*

cher. M. Krantz, rapporteur de la commission du
budget de 1897, le constate expressément : « Il est très
coûteux, dit-il, de prolonger au delà d'une certaine
limite la durée d'exécution d'un travail. Cette lenteur dans l'exécution des travaux est un inconvénient et non des moindres de l'extrême dispersion
de nos efforts. »

Ce dernier inconvénient subsiste encore de nos
jours et a même augmenté depuis que les crédits
inscrits au budget pour l'exécution des travaux neufs
ont été considérablement réduits. Mais au moins les
dépenses ont-elles été ramenées à un chiffre normal et
plus en rapport avec les moyens financiers de la
nation [1]. Les crédits ouverts pour travaux neufs ne
figurent au budget de 1899 que pour 33.503.894
francs. Ils étaient de 972 millions en 1881.

Cette réduction peut être attribuée, dans une large
mesure, à ce fait que la plupart des travaux réellement utiles ont été effectués ; mais il y a aussi, à
n'en pas douter, une certaine amélioration dans
l'usage fait par les pouvoirs publics des deniers mis
à leur disposition.

[1] Il semble même qu'elles aient été réduites outre mesure,
car, dit l'exposé des motifs du budget de 1899, « les crédits
relatifs à l'amélioration et à l'extension des ports maritimes
sont aujourd'hui si minimes que l'État n'est plus à même de
faire honneur aux engagements qu'il a pris vis-à-vis des
villes, des chambres de commerce, des départements et des
communes. »

Beaucoup plus actives et plus vives sont, au contraire, les réclamations que suscite le développement exagéré de ce qu'on a appelé le fonctionnarisme. Il s'agit d'un mouvement considérable, puisque le nombre des fonctionnaires a passé de 188.000 en 1846 à 416.000 en 1896, c'est-à-dire qu'il a beaucoup plus que doublé en cinquante ans[1].

Au point de vue politique, cette situation n'est pas sans inconvénient, car il est fâcheux qu'un aussi grand nombre de citoyens soient sous la dépendance directe de l'Etat. Au point de vue financier et budgétaire, le phénomène présente une importance égale, puisque le montant des traitements, qui était de 245 millions de francs en 1846, était, cinquante ans plus tard, de 627 millions.

Quant aux causes du phénomène, il est évident que l'augmentation du nombre des fonctionnaires est due, dans une large mesure, au développement toujours croissant des services publics, de même que l'augmentation des traitements peut facilement, comme nous l'avons montré, être expliquée par des causes naturelles, elle aurait même dû être plus considérable[2]; mais il est incontestable pourtant que le

---

[1] G. Michel, *Economiste français* du 12 novembre 1898.

[2] La moyenne des traitements qui est en :

France de..	1.390	francs.
est en Belgique de..........	1.725	»
en Italie de................	1.780	»

parlementarisme a favorisé, dans une large mesure, l'accroissement du nombre des employés de l'Etat.

Le goût des Français pour toutes les situations fixes et honorables, quoique modestement rétribuées qu'offre la carrière administrative, a été toujours croissant, et, malgré le grand nombre des places actuellement offertes, elles sont encore insuffisantes pour satisfaire tous les postulants. Aussi, les députés et sénateurs, désireux de plaire à leurs électeurs, après avoir appuyé dans la mesure de leur force la candidature de leurs protégés pour les places existantes, sont toujours disposés à approuver la création de postes nouveaux qui permettront de satisfaire de nouvelles demandes et d'assurer ainsi le succès des élections futures. Les plaintes à ce sujet sont constantes [1].

L'augmentation tient aussi dans une certaine mesure à l'instabilité ministérielle. Voici l'opinion

en Espagne de.............. 2.200 francs.
en Autriche-Hongrie de...... 2,400 »

Ces chiffres ne sont pas absolument comparables à cause du grand nombre d'ouvriers compris dans les statistiques françaises et qui ne figurent pas dans les autres, ce qui explique en partie l'importance de la différence. V. Turquan (*Economiste français*, 1er juillet 1899).

[1] Cucheval-Clarigny (*Revue des Deux-Mondes,* 15 août 1887); vicomte d'Avenel (*Revue des Deux-Mondes* (1er mars 1888); Georges Michel (*Economiste français*, 12 novembre 1898).

qu'émettait en 1882 M. Ribot, à ce sujet [1] : « Les politiciens qui sont arrivés à décrocher un porte-feuille, ont pris l'habitude d'introduire dans les cadres administratifs un gros de leurs parents, favoris et créatures. Il va sans dire que les nouveaux arrivants, une fois casés, ne se retirent pas avec le flot qui les porta. Les ministres passent, mais leur alluvion de parents, amis et créatures, reste à l'état permanent sous la forme de chefs de bureau, de contrôleurs et d'inspecteurs. »

Ce qui facilite singulièrement les abus, c'est la mauvaise organisation des services administratifs en France. Aucune règle fixe ne détermine le nombre ni les appointements des employés [2] : « Il dépend de chaque nouveau ministre de changer par un décret l'organisation de ses services, de créer, supprimer, dédoubler des directions, d'augmenter le nombre des employés, de modifier le chiffre des traitements. » Il est certain qu'en France « tout est livré à l'arbitraire du ministre qui crée ou supprime les emplois par de simples arrêtés, qui bouleverse à son gré la hiérarchie, érige le bureau en division et la division en direction, ou effectue le mouvement inverse et fixe comme il lui plaît les traitements [3]. »

[1] *Economiste français*, 12 novembre 1898.
[2] *Economiste français*, 12 novembre 1898.
[3] Cucheval-Clarigny, *Revue des Deux-Mondes*, sept. 1886, p. 396.

La fixation par la loi de budget de crédits limités
pour le personnel de tel ou tel service n'est nullement un obstacle : on commence par créer un emploi et y installer un titulaire, qui pour cette première année est payé, soit au moyen de fonds indû-
ment prélevés sur d'autres chapitres, ou simplement
demandés au Parlement sous forme de crédits supplémentaires. L'année suivante, on ne peut que
s'incliner devant le fait accompli, puisqu'il y a au
profit du fonctionnaire des droits acquis, et on inscrit au budget le crédit nécessaire pour subvenir à
ses appointements.

Une semblable lacune dans la législation est très
regrettable ; dans d'autres pays, en Angleterre et en
Italie par exemple, il faut pour la création d'un
emploi nouveau, soit une loi, soit l'inscription
préalable d'un crédit spécial dans les Estimates
ou évaluations de dépenses.

Il est certain que l'adoption d'une disposition de
ce genre restreindrait très heureusement l'accroissement du nombre des fonctionnaires. Une proposition de loi récente allait plus loin encore, l'un de
ses articles étant ainsi conçu[1] : « Le nombre des

[1] Proposition de loi présentée par M. Boudenoot, député,
le 11 février 1896.

Cette même proposition est reprise avec quelques additions
de détail, dans une proposition du 23 juin 1898, signée par
MM. Boudenoot, Caillaux, Graux, Jules Roche, Paul Beaure-
gard, et 76 de leurs collègues.

fonctionnaires actuellement payés sur le budget de
l'Etat ne pourra être augmenté. Les projets ou proposition de lois créant de nouvelles fonctions devront
comporter des suppressions d'emplois équivalents
de manière à n'entraîner aucune augmentation de
dépenses. » Peut-être est-ce là dépasser la mesure,
mais il est certain qu'un changement de notre législation semble s'imposer.

La question d'ailleurs est plus intéressante encore
pour nos finances que les chiffres indiqués pour les
traitements d'activité des fonctionnaires ne l'indique-
raient. A beaucoup de ses employés l'Etat sert une
pension de retraite dans des conditions déterminées
par diverses lois, notamment celle du 9 juin 1853.
En sorte que l'augmentation des premiers chiffres
entraîne naturellement l'augmentation des crédits
inscrits à la dette viagère au chapitre des pensions
civiles. Le montant de ce chapitre depuis sa création a varié dans les proportions suivantes :

1860...................	23.700.000	francs
1869...................	32.455.000	»
1876...................	42.050.000	»
1886...........	59.501.000	»
1893...................	66.047.000	»
1899...................	75.515.000	»

D'ailleurs la charge supportée par l'Etat n'est pas
réellement aussi grande que pourraient le faire

croire ces chiffres, car il faut en déduire certaines
recettes correspondantes telles que retenues de 5 0/0
sur les traitements, premier douzième, etc., prévues
par la loi du 9 juin 1853. Le tableau des charges
nettes de l'Etat s'établit donc de la façon suivante[1] :

1854........	9.912.000	francs
1869....................	15.473.000	»
1876....................	16.497.000	»
1890...............	35.888.000	»
1897..	42.339.000	»

La progression est rapide puisqu'il y a quadru-
plement en une quarantaine d'années. — Mais on
ne s'arrêtera pas là et M. Krantz estime qu'à supposer que les lois actuelles produisent progressivement leurs effets, et sans aucune modification dans
le nombre des fonctionnaires et le montant de leurs
retraites, le chiffre des pensions civiles sera de 108
millions en 1920 et qu' « en évaluant à 130 millions
la charge annuelle des pensions non militaires vers
1930, on a bien des chances de rester au-dessous de
la vérité[2] ».
Une telle progression ne peut s'expliquer uniquement par l'augmentation du nombre des fonctionnaires et de l'élévation de leurs appointements. Ici

[1] *Rapport général au nom de la Commission du budget de
1897*, par M. Krantz, député.
[2] Rapport précité.

encore on trouve des vices qui sont attribuables
au régime parlementaire ; il y a tendance à remplacer les fonctionnaires, non pas quand ils ne peuvent plus remplir utilement leurs fonctions, mais
aussitôt qu'ils ont trente ans de service accomplis,
et même auparavant si possible. La raison est la
même qui fait créer des emplois nouveaux : permettre de donner satisfaction à de nouveaux candidats. Quant à la dépense qui en résulte, il est clair
que l'Etat en pensionnant après trente ans de service
un fonctionnaire encore susceptible d'activité pendant
quelques années paye pendant cette période le traitement d'activité du nouvel élu et la pension du
retraité, quand il aurait pu ne payer que l'un d'entre
eux. L'âge moyen des retraites n'est aujourd'hui
que de 57 ans et 7 mois, il était en 1877 de 60 ans et
5 mois. La durée moyenne des services est pendant la même période tombée de 34 ans et 7 mois à
32 ans et demi[1]. Or, M. Krantz fait observer qu'en
retardant d'une année l'âge moyen de la retraite, on
réaliserait une économie annuelle de 3 millions de
francs au minimum.

Cette méthode onéreuse pour l'Etat n'est d'ailleurs
pas favorable aux fonctionnaires, qui, dans la force

[1] *Compte général de l'administration des finances pour l'année
1899,* page 852.
*Compte général de l'administration des finances pour l'année
1897,* page 1018

même de l'âge, sont réduits à un faible traitement
de retraite, alors que, très souvent, ils auraient
préféré continuer un service actif, moyennant la
conservation d'émoluments plus élevés. Enfin, il
est une fraction de dépenses qui peut être attribuée
à des gaspillages encore moins excusables : on
donne, sous le nom de secours ou de traitements de
disponibilité, des pensions de retraite à des personnes qui n'y ont aucun droit. M. A. Bérard, dans son
rapport sur le budget de l'Intérieur de 1899, cite
l'exemple de certains préfets et sous-préfets, qui
après 3, 4 ou 5 ans de service reçoivent, si on se
prive de leur concours actif, un traitement de disponibilité, qui est très souvent de 6.000 francs.
M. A. Bérard conclut qu' « il y a là un abus contre
lequel on ne saurait trop s'élever. Il est inadmissible
que de pareils secours soient donnés à des hommes
valides pouvant chercher et trouver, dans d'autres
professions libérales, le moyen de gagner leur vie,
et qu'ils leur soient donnés pendant de longues
années, alors qu'ils ne sont plus au service de
l'Etat. » Il est à souhaiter que ce ne soient là que
des abus isolés ; ils sont moins importants à coup
sûr dans leurs effets budgétaires, que la tendance
générale résultant de l'ensemble du régime parlementaire français.

Il est, du reste, remarquable que la même tendance se retrouve exactement semblable dans un

autre pays soumis sensiblement au même régime
démocratique que le nôtre. Nous voulons parler des
Etats-Unis d'Amérique. Là aussi le désir de donner
satisfaction au suffrage populaire, a occasionné un
essor vraiment remarquable de la dette viagère. La
plus grande partie de celle-ci est formée des pensions aux anciens combattants de la guerre de Sé-
cession et à leurs familles. La dépense occasionnée
de ce chef, loin de diminuer d'année en année,
comme il semblerait normal, va au contraire en
augmentant. Si bien que les Etats-Unis tiennent
actuellement et de beaucoup le premier rang parmi
les nations civilisées pour l'importance de la dette
viagère.

Celle-ci était en :

1883-84 de 55 millions de dollars ou 286 millions de fr.
1888-89   87   »
1899-1900 145   »   754[1]   »

Il semble, d'ailleurs, que le mode de gouvernement ait sur le développement des pensions une
action tout à fait directe. En effet, si on s'en rapporte aux calculs de M. Turquan[2], on trouve que
le chiffre des pensions réparties par tête d'habitants est :

[1] *Bulletin de statistique et de législation comparée*, avril 1899,
p. 397.
[2] *Economiste français*, du 1er juillet 1899.

Aux Etats-Unis de......... 10 fr. par tête
En France de............ 6
En Angleterre de......... 4 50
En Espagne de........... 3 50
En Allemagne de......... 3
En Italie de............. 2 60
En Autriche-Hongrie de ... 2
En Russie de 1   seulement.

Il ne faut évidemment jamais tirer de conclusions de ce genre de statistiques qu'avec une extrême prudence, peut-être même n'y a-t-il là qu'une simple coïncidence, mais au moins peut-on constater que dans le tableau des pensions les Etats sont classés précisément dans l'ordre de plus grande libéralité de suffrage ; les pensions sont d'autant plus élevées, que la place faite à la démocratie est plus large.

Ainsi, pour ne citer que ces deux exemples, travaux publics, fonctionnarisme, il semble prouvé que le mode de gouvernement peut exercer sur la marche ascendante des dépenses une influence réelle.

Sans doute, il y a là un fait qu'il faut se borner à constater et c'est un vice inhérent à une forme constitutionnelle par ailleurs reconnue particulièrement favorable, mais il n'en est pas moins vrai que certaines pratiques fâcheuses, certaines lacunes de législation permettent trop facilement à ces mauvais effets de se produire.

En France notamment, tout n'a pas été fait pour contrarier la tendance d'un gouvernement démocratique à l'augmentation des dépenses.

Les plaintes à ce sujet sont nombreuses; depuis la préparation du budget et son vote, jusqu'à son contrôle et son règlement législatifs, il y a quantité de points de détail qui ont suscité la critique. Comme pour chacun d'eux il est un remède proposé, il sera plus aisé d'exposer dans un autre chapitre les vices critiqués et les solutions nouvelles préconisées; il suffit d'avoir mentionné ici qu'une série de réformes législatives pourrait, dans une très large mesure, remédier aux principaux inconvénients financiers, reprochés aux gouvernements démocratiques.

III

La troisième grande cause d'accroissement effectif des dépenses publiques, c'est l'augmentation de la dette des Etats. Sans doute cette affirmation est-elle assez inexacte ou au moins insuffisante, puisque l'accroissement de la dette est lui-même non pas une cause à proprement parler, mais la résultante d'une série de causes qui sont alors les véritables auteurs de l'augmentation des dépenses publiques. Il ne s'agit donc que de réunir sous ce titre l'étude d'une série de phénomènes dont l'action se fait sentir sur-

tout et d'une façon un peu spéciale sur cette partie
du budget.

Quelques chiffres permettent de fixer promptement l'importance du mouvement qui s'est produit.
Le montant total des engagements des Etats civilisés
était en 1793, d'après M. Dudley-Baxter, de 12.650
millions de francs ; il montait à 38 milliards après la
liquidation des grandes guerres de l'Empire, en
1820. Depuis lors, l'augmentation a été plus rapide
encore, elle atteignait 98 milliards en 1870 et 117.112
millions en 1888, d'après l'estimation de M. Paul
Leroy-Beaulieu.

Enfin, pour ces toutes dernières années, une statistique ¦nous donne la situation comparée de la
dette négociable des 21 Etats européens à eux seuls
en 1887 et 1897 [1].

En 1887 la dette était de 109.356.475.000 francs,
en 1897 elle montait à 122.257.661.000 francs.

C'est-à-dire qu'elle a augmenté de près de 13 milliards en capital [2].

---

[1] *Bulletin de statistique et de législation comparée*, 1898, I,
p. 568.

[2] Les plus fortes augmentations proviennent de :

L'Allemagne.	5.780 millions
La Russie.	2.961 —
L'Italie.	2.004 —
L'Autriche-Hongrie . . .	1.683 —
La France. . '	263 —

Un seul pays a réduit sa dette d'une somme importante,

En définitive les budgets européens de 1897 ont à payer les arrérages d'une dette de 122 milliards, au lieu que ceux de 1820 n'avaient comme charge qu'une dette de moins de 40 milliards.

Cependant l'accroissement de la dette n'est pas un phénomène absolument général ; quelques Etats ont, au courant de ce siècle, non pas accru, mais diminué la charge qui leur incombait de ce chef et parmi eux, on peut citer l'Angleterre et la Hollande. Mais pour le plus grand nombre et pour la France en particulier, l'accroissement de la dette entre pour une très large part dans l'accroissement des dépenses publiques.

La France jouit même du peu enviable privilège d'être l'exemple le plus complet que l'on puisse choisir, puisque sa dette est aujourd'hui de beaucoup la plus importante parmi les nations civilisées. C'est donc dans les budgets français qu'il faut essayer de trouver les chiffres marquant l'importance du phénomène, dont nous nous efforcerons ensuite de déterminer les causes.

En ce qui concerne les arrérages payés chaque année par l'Etat pour des dettes de toutes sortes, nous trouvons la progression suivante :

c'est l'Angleterre qui dans cette période l'a réduite de 2.450 millions de francs.

	1ᵉʳ avril 1814	1ᵉʳ janvier 1870 [1]	1ᵉʳ janvier 1899 [2]
Dette inscrite.	63.307.637	358.087.510 32	693.679.350
Capitaux remboursables à divers titres............		35.376.879 94	316.878.554
Dette viagère.............		91.152.476 »	237.027.011
Total.........		484.616.866 26	1.247.584.915

Ces chiffres montrent nettement l'importance de cette augmentation au point de vue budgétaire.

Voilà un chapitre qui a augmenté de près de 1.200 millions depuis 85 ans, de 763 millions depuis 30 ans. Mais ce n'est pas là encore donner au phénomène toute l'importance qu'il a réellement. Diverses circonstances font que l'augmentation des arrérages a été très sensiblement inférieure à celle du capital même de la dette : sans doute il est très difficile de connaître celui-ci, puisqu'il n'existe à ce sujet aucun document officiel ; mais les statisticiens ont tourné leurs efforts de ce côté, et ont obtenu des résultats qui peuvent être tenus pour suffisamment exacts.

[1] *Compte général de l'administration des finances pour l'année 1869.*

[2] Projet du budget de 1899.

Le montant de la dette française en capital aurait été

en 1869   de......   12.981.215.500 francs
1878   de......   24.224.000.000   »
1886   de......   28.740.900.000   »
1893   de......   31.660.747.900   »

soit une augmentation de 19 milliards en 30 ans[1].

Quant aux causes mêmes de cette augmentation elles peuvent être ramenées à trois catégories bien distinctes. Certains emprunts ont été rendus nécessaires par les grandes dépenses militaires et notamment par les guerres. Les autres ont été consacrés à des entreprises de travaux publics. Enfin les derniers

[1] Raffalovich, *Le monde financier en 1893*. Paris, Guillaumin, 1894, p. 411.

M. Pelletan, dans son *Rapport sur la situation de la France en 1890*, évaluait la dette de l'Etat à 30.300.813.594 francs (session extraordinaire de 1890, no 1031). M. Poincaré reprenant les évaluations de M. Pelletan arrivait à un total de 30.611.685.122 francs au 1er janvier 1893 (session de 1892, no 2348).

Enfin M. Caillaux, dans le projet de loi portant fixation du budget pour l'exercice 1900, donne le total de notre dette publique nationale, laissant en dehors celle des départements et communes, ainsi que la dette viagère. Ce total est de 30.008.331.296 francs, ainsi composé :

Dette consolidée 22.002.683.638
Rente 3 % amortissable. 3.861.747.500
Dette flottante. 1.015.492.734
Annuités diverses 3.128.407.424

ont été employés à combler des déficits ou à subvenir aux dépenses courantes, ils sont le résultat d'une administration défectueuse.

L'importance relative de ces trois causes en ce qui concerne la France se mesurerait d'après les chiffres suivants, si on ne considère que l'augmentation qui s'est produite dans la période de 1869 à 1893 [1].

Dettes relatives à la guerre de 1870.	8.418.328.000 fr.
Reconstitution du matériel militaire et naval.................	2.118.600.000 fr.
	10.536.928 000 fr.
Dette pour travaux publics	5 627.260.000 fr.
Soit au total..............	16.164.188.000 fr.

pour ces deux catégories.

Il resterait un excédent d'augmentation de 2.515.344.400 francs qui forcément appartiendra à la troisième sorte de dettes, celles résultant de gaspillages et d'une administration défectueuse.

La légitimité de ces trois sortes d'emprunts est très différente. Les premiers trouvent leur justification dans la nécessité absolue où se trouve placé un Etat d'avoir recours au crédit pour solder les dépenses énormes entraînées par une guerre. Peut-être s'il ne s'agissait que d'une expédition peu importante et lointaine, conduite avec lenteur comme le

[1] Raffalovich, *op. cit.*, p. 411.

sont souvent les campagnes coloniales, il ne serait pas impossible de demander à un supplément d'impôts les sommes nécessaires ; mais pour des guerres plus importantes, comme le sont celles occasionnées par les grands conflits européens, la chose est tout à fait impossible. La raison en est que la dépense est trop considérable et qu'elle doit être faite en très peu de temps. La somme énorme qu'il faut se procurer en quelques jours, au plus en quelques mois, ne peut être fournie par l'impôt. Une élévation importante des taxes dans un pays déjà profondément troublé au point de vue économique par l'état de guerre n'est pas possible et c'est à peine si on parviendrait à maintenir le rendement des impôts au niveau de la période pacifique précédente. Il faut donc emprunter pour faire la guerre, puis celle-ci terminée emprunter encore pour en effacer les traces.

Il n'y a, par conséquent, aucune objection à adresser à cette fraction de la dette française contractée pour les besoins de la guerre franco-allemande et la reconstitution du matériel militaire et naval. Il en serait de même pour les dettes contractées pour travaux publics, si ces travaux constituaient une richesse équivalente pour la communauté. Le doute, malheureusement, est permis à cet égard en ce qui concerne la France, et peut-être y a-t-il eu de ce côté une certaine déperdition de

forces. Mais sans insister à ce sujet, les critiques
deviennent pleinement légitimes quand elles s'adres-
sent à la troisième fraction des dettes contractées
depuis trente ans, celles qui ont été consacrées aux
dépenses courantes de l'Etat.

C'est, en France, une habitude très ancienne de
faire chaque année appel au crédit. « Depuis 1816,
dit M. Poincaré [1], il n'y a que onze années où les
ressources normales du budget, c'est-à-dire les revenus de l'Etat et les impôts perçus, ont suffi à couvrir
les dépenses ; le reste du temps, l'équilibre n'a été
obtenu qu'à l'aide d'emprunts. Depuis 1840, il ne
s'est pas écoulé une seule année sans que les budgets
eussent plus ou moins ouvertement recours au
crédit. »

Dans la plupart des cas, les emprunts étaient
prévus lors de la confection des budgets, et il en était
fait état aux recettes, ce qui permettait de voter un
budget en équilibre. Pourtant, malgré cela, les déficits ont été constants ; ainsi, pour n'envisager que la
période la plus récente [2], celle de 1881 et de 1896,
où il a été emprunté 6.102.600.000 francs, motivés
par des raisons sérieuses, deux budgets seulement,
ceux de 1881 et de 1890, ont présenté un excédent
des recettes sur les dépenses, soit à eux deux un excé-

[1] *Rapport général au nom de la Commission du budget de 1893.*
[2] *Revue politique et parlementaire* du 10 février 1899. *Les
finances françaises et le budget.*

dent de 117,5 millions. Tous les autres se sont réglés en déficit pour un total de 971,6 millions. C'est-à-dire que le déficit net pour l'ensemble de cette période atteint 854,1 millions de francs.

Ainsi, des budgets votés en équilibre se sont, d'une façon presque constante, soldés en déficit. Pour faire face aux découverts du Trésor, on a eu recours aux ressources de la dette flottante, jusqu'au moment, où celle-ci devenant trop considérable, on a dû recourir à une consolidation et solder en rentes perpétuelles les déficits passés. Une fraction de notre dette publique, se montant à deux milliards et demi, a été, depuis trente ans, contractée uniquement pour ce motif.

Il y a donc là une cause d'emprunts absolument anormale et à laquelle il faudrait remédier si on le peut. Pour cela il faut d'abord déterminer ce qui a provoqué ces déficits continuels.

Un budget étant voté en équilibre, le déficit peut provenir soit d'une moins-value dans les recettes, soit d'une augmentation de dépenses.

La moins-value dans les recettes est en France un accident assez rare. Quelles que soient les critiques que l'on puisse adresser à la préparation prématurée de notre budget, critiques parfaitement justifiées, il faut reconnaître que soit par suite de l'excellence de la méthode adoptée, soit grâce à la bonne foi des évaluations, soit plutôt grâce à un ensemble de cir-

constances heureuses, les plus-values dans le rendement des impôts sont la règle et les moins-values
des exceptions.

Le système de l'antépénultième année a pendant
longtemps fourni de grosses plus-values notamment
de 1879 à 1882 [1] et de même depuis sa restauration
en 1888 [2].

Le système des majorations, dû à l'initiative de
M. Léon Say et qui fut employé de 1883 à 1888,
donna de moins bons résultats. Ces cinq exercices
virent de sérieuses moins-values dans les recettes,
243.704.000 francs en tout. Mais comme le consta-
tait plus tard un successeur de M. Léon Say,
M. Tirard [3], le système n'était pas mauvais en lui-
même ; tentée dans un autre moment « l'expérience
eût alors pleinement réussi. C'est son application
dans un mauvais moment qui a causé son insuccès. »

Le déficit ne provenant donc que rarement de
moins-values dans les recettes, il faut en chercher la
cause dans les augmentations de dépenses survenues
après le vote du budget. Ces dépenses se présentent
sous forme de crédits additionnels [4] : « Les crédits

[1] Elles furent respectivement de 163, 195, 232 et 94 millions.
[2] Les plus-values des recettes constatées au 1er juin 1899
pour l'exercice 1898 s'élèvent à 139.875.968 francs (Rapport
de M. Ch. Prevet au Sénat le 29 juin 1899).
[3] Discours de M. Tirard, 22 novembre 1894.
[4] Stourm, Le Budget, p. 335.

additionnels sont des allocations budgétaires, accordées postérieurement aux fixations de la loi annuelle de finances. »

Leur raison d'être théorique est expliquée comme suit, par le rapporteur du budget de 1871 [1] : « Il y aura toujours des services publics pour lesquels les prévisions au budget, si larges qu'elles soient, se trouveront accidentellement en défaut. Il y aura toujours, soit à l'intérieur, soit à l'extérieur, des circonstances imprévues, impossibles à prévoir, qui exigeront l'emploi de sommes excédant les ressources du budget. »

Mais, en réalité, les crédits additionnels ont souvent une origine moins légitime. Les services dont il s'agit, les dépenses qu'il convient de faire sont parfois connues lors de la préparation du budget, mais afin de réduire fictivement les dépenses, d'équilibrer le budget sur le papier, on abaisse certains crédits, ceux-là de préférence qui sont seulement évaluatifs, puis en cours d'exercice on vote des crédits supplémentaires pour le fonctionnement de services indispensables. Qui est responsable de ces abus [2] ? « Tantôt les administrations qui, au lieu d'apporter des économies réelles que leur réclament

[1] M. Casimir Périer, *Rapport sur les suppléments de crédit de l'exercice 1871.*
[2] M. Poincaré, *Rapport au nom de la commission du budget de 1893.*

les commissions, se résignent provisoirement à de simples réductions de crédits et, le budget une fois voté, s'empressent de prendre une revanche dans les demandes de crédits supplémentaires. Tantôt, c'est spontanément que, par un calcul souvent dévoué, les administrations dissimulent dans le tableau de leurs prévisions des dépenses inévitables de manière à se ménager plus sûrement le moyen d'obtenir des augmentations en cours d'exercice. »

Cette situation existe encore actuellement puisque tout récemment la commission des finances de l'Etat protestait contre ces demandes de crédits supplémentaires [1] « qui sont relatives à des chapitres pour lesquels l'administration avait eu en mains, en temps utile, tous les éléments d'appréciation ».

Les erreurs de la part des préparateurs du budget ne sont pourtant pas toujours intentionnelles, et il est vraisemblable que la date vraiment trop prématurée de la préparation, en rendant très difficile l'exacte appréciation des dépenses, est pour quelque chose dans l'énormité des crédits supplémentaires demandés.

Ceux-ci ont été considérables de tous temps, mais surtout dans la période 1853-1868 ; et depuis 1871 jusqu'à nos jours. Pour ne parler que de cette der-

[1] Rapport de M. Charles Prevet, rapporteur de la commission des finances. Sénat, séance du 29 juin 1899.

nière période, on peut constater avec quelque plaisir que le mal semble être dans une période de décroissance.

En effet, depuis 1871 jusqu'à 1886, la somme de crédits supplémentaires et extraordinaires, déduction faite des annulations de crédits, a atteint le chiffre de 2.836.556.818 francs, soit en moyenne 176 millions par an [1].

Au contraire, depuis 1887 jusqu'à 1895, le montant des crédits a été seulement de   1.417.220.756 francs, compensé jusqu'à concurrence de.................   726.674.558   »
_____

par des annulations, soit un excédent net de. ....   690.546.198 francs, ou de moins de 77 millions par an en moyenne. En 1898, l'excédent des crédits additionnels sur les annulations est évalué à 73.893.758 francs [2].

[1] Rapport de M. Poincaré au nom de la commission du budget de 1893.

[2] Rapport de M. Ch. Prevet, *op. cit.* Les crédits demandés étant de 106.811.458 fr. et les annulations de 32.917.700 fr.

Pourtant, s'il y a quelques améliorations quant au chiffre des crédits demandés, on ne peut dire qu'il y en ait quant à la sincérité des motifs qui les occasionnent. Quelques jours après le vote du budget de 1898, le gouvernement demanda un ensemble de crédits se montant à 25.263.914 francs. Malgré les protestations du rapporteur, M. Caillaux, et quoiqu'il fût évident que ces dépenses s'imposaient déjà lors de la préparation du budget, il n'en fallut pas moins les voter.

Le seul inconvénient des crédits additionnels n'est d'ailleurs pas de tendre directement à créer le déficit et, par suite, à déterminer les emprunts. M. Stourm indique qu'ils sont encore funestes pour deux autres motifs : « L'éventualité des crédits additionnels décourage les préparateurs du budget et rend, par avance, leur travail stérile. Il n'y a plus de budget, même en préparation, du moment que ses fixations doivent être bouleversées, du moment que les crédits votés ne constitueront pas, comme on devait le supposer, la limite immuable des opérations de l'exercice. En second lieu, les crédits additionnels favorisent la progression des dépenses... Au moment de l'élaboration du budget primitif, en effet, les crédits étant admis au *concours*, les meilleurs seuls passent dans la mesure des *possibilités*. Mais une fois le budget voté, les crédits ne subissent plus qu'un simple examen où ceux qui trouvent moyen de se faire suffisamment recommander sont reçus d'emblée [1]. »

On peut ajouter encore que les dépenses, se présentant par petites fractions, ne formant que des sommes peu importantes, frappent moins vivement l'esprit du législateur et ont, par suite, de plus grandes chances d'échapper à sa vigilance.

Il semble d'ailleurs qu'une grande amélioration se

[1] Stourm, *Le Budget*, p. 355.

soit produite de ce côté dans ces toutes dernières années où les budgets français se sont réglés à peu près en équilibre. Aussi, comme, d'autre part, on a pour un temps renoncé à exécuter de nouveaux travaux publics, la dette de la France ne s'est que fort peu accrue depuis dix ans.

Quant à l'augmentation qui s'est produite pour les autres États européens, elle est due surtout à de vastes entreprises de création ou de perfectionnement de l'outillage national, et ne saurait donc, le plus souvent, avoir de bien graves inconvénients pour les finances publiques. On peut regretter, toutefois, que tous les États n'aient pas imité l'exemple de l'Angleterre en profitant de la longue période pacifique qui vient de s'écouler pour alléger tant soit peu le fardeau de leurs dettes.

DEUXIÈME PARTIE

CAUSES
QUI ONT RALENTI L'ACCROISSEMENT
DES BUDGETS.

Que les causes d'accroissement du budget soient
nombreuses et puissantes, l'importance des résultats
obtenus le prouve suffisamment, et si le mouvement qu'elles ont créé n'a pas été en somme plus
considérable, cela tient à ce qu'un certain nombre
de causes antagonistes sont venu faire échec à la
progression des dépenses.

Les causes antagonistes, à vrai dire, ne sont pas très
nombreuses. On en peut, semble-t-il, citer trois. La
première est le résultat d'une transformation économique générale, c'est la baisse du taux de l'intérêt.
Ses heureux effets se sont fait sentir sur une fraction
importante des budgets, les intérêts de la dette
publique. On peut citer, en second lieu, le progrès
des sciences et des industries de toutes sortes, qui
profitent à l'Etat comme aux particuliers et tendent
à rendre moins coûteuse l'exécution des services.
Habilement monopolisées par l'Etat, les inventions
nouvelles ont quelquefois été et peuvent surtout

devenir pour lui une abondante source de richesse, comme le montre l'ensemble des chemins de fer. Enfin, il y a une tendance réelle à l'économie qui, pour ne pas être très fréquente chez les administrateurs des finances publiques, se retrouve parfois chez quelques-uns d'entre eux et procure une série de réductions des dépenses, soit que l'on profite des occasions créées par le progrès des sciences, soit que l'on s'oppose aux gaspillages ou qu'on en atténue les effets, s'ils se sont produits.

Chacune de ces causes a autrefois exercé une action très réelle, mais chacune d'entre elles est encore susceptible d'en avoir et de plus importantes, soit immédiatement, soit dans un avenir plus ou moins éloigné. Aussi, faut-il exposer, au sujet de chacune d'elles successivement, et son action dans le passé et ses perspectives d'avenir.

La première cause de réduction, la baisse du taux de l'intérêt, n'exerce, nous l'avons dit, son influence que sur une fraction du budget, les arrérages de la dette consolidée et la dette amortissable. Les deux autres causes ont procuré une série d'économies de détail sur l'ensemble du budget, la dette y comprise. C'est donc par l'examen de cette dernière que nous commencerons l'étude des diminutions de dépenses publiques, opérées ou possibles; pour examiner ensuite l'action des autres causes de réduction sur le reste du budget de l'Etat.

CHAPITRE PREMIER

Economies sur la dette publique.

La dette publique de l'Etat français, dette viagère non comprise, figure au budget de 1899 pour une somme de 1.010.557.904 francs ainsi répartie : [1]

Dette consolidée................ 693.679.350 francs.
Dette remboursable à terme ou
  par annuité .... 316.878.554 francs.

Mais cette dernière somme ne représente pas la charge des intérêts annuels, un amortissement y est compris pour une somme de 96.086.927 francs. On trouve donc que l'Etat français paie actuellement une somme de 914.470.977 francs, comme intérêts des sommes autrefois empruntées par lui. L'augmentation est, comme nous l'avons montré, considérable depuis le commencement du siècle. Elle aurait été pourtant bien plus grande encore si l'Etat n'avait heureusement allégé son fardeau par une série de conversions et d'amortissements.

[1] Chiffres extraits du *Rapport général au nom de la commission du budget de 1899,* par M. Pelletan.

Les conversions, ou remplacement des titres portant un intérêt élevé par des titres portant un intérêt moins élevé ont été favorisées au courant de ce siècle par une double série de circonstances : La baisse générale du taux de l'intérêt et l'affermissement du crédit pour un grand nombre d'Etats parmi lesquels la France.

Quelles que soient les causes auxquelles il faille l'attribuer, et parmi lesquelles figure au premier rang l'augmentation incessante des capitaux et la diminution graduelle de leur productivité quand ils sont formés au delà d'une certaine limite, la baisse du taux de l'intérêt a été considérable au courant de ce siècle. A sécurité égale, il n'est pas exagéré de dire que le taux est tombé de 5 à 3 1/2 0/0.

D'autre part le crédit de l'Etat français s'est considérablement raffermi. Un siècle de loyauté parfaite, de fidélité stricte à tenir ses engagements à fait des rentes françaises un placement considéré comme parfaitement sûr, aussi la diminution des intérêts payés aujourd'hui par l'Etat français est-elle très supérieure à la baisse générale du taux de l'intérêt. Sans tenir compte des périodes de crise où on a vu la rente 5 0/0 tomber aux environs de 50 francs comme sous les plus mauvais jours du premier empire, on peut dire que d'une façon générale, et même dans les périodes les plus prospères, le 5 0/0 était au commencement du siècle bien au-dessous du pair.

Aujourd'hui le 3 0/0 est coté au-dessus de 100 francs. L'Etat bénéficie donc d'une différence d'au moins 2 0/0 sur les intérêts qu'il paye pour son énorme dette de plus de 30 milliards, c'est-à-dire qu'il s'agit d'une différence d'au moins 600 millions par an, entre ce que l'Etat paye aujourd'hui et ce qu'il aurait dû payer pour la même dette au commencement de ce siècle.

Mais pour plusieurs raisons et notamment parce que beaucoup d'emprunts ont été contractés récemment, les économies faites par l'Etat sur le service des arrérages de sa dette, ne montent pas en réalité à une somme aussi élevée. Il faut pour les évaluer passer en revue la série des conversions effectuées.

En 1825, les efforts de M. de Villèle pour obtenir une conversion obligatoire se brisèrent contre la résistance obstinée de la Chambre des Pairs qui se refusait à reconaître la légitimité de cette opération. On se contenta donc d'une mesure qui n'a avec la conversion véritable que peu de rapports, l'échange facultatif de titres 5 0/0 contre des titres 4 1/2 ou 3 0/0. Les résultats obtenus furent assez médiocres, car 31 millions de rentes seulement sur 140 millions furent présentés à la conversion. L'Etat bénéficia d'une réduction d'intérêts annuels de 6.200.000 francs, mais le capital nominal de la dette fut augmenté de plus de 150 millions.

Pendant une très longue période ensuite, aucune

conversion n'eut lieu, soit que réellement on ne crut pas cette opération légitime, soit qu'on craignît de mécontenter les rentiers. Aussi laissa-t-on échapper de magnifiques occasions, en 1845 par exemple, où le cours moyen du 4 0/0 fut de 108 fr. 55 et du 4 1/2 0/0 de 113 fr. 94[1].

C'est en 1852 seulement qu'on convertit suivant les meilleurs principes tout le 5 0/0 existant en 4 1/2 0/0, sans augmentation du capital. Le bénéfice qui en résulta pour le Trésor fut de 17 millions par an[2].

En 1862 une nouvelle opération bâtarde de conversion avec soulte fut organisée par M. Fould. Elle n'amena pas de réduction des arrérages, mais l'Etat se procura une somme de 157 millions de francs sans augmentation de charges.

Depuis ce moment une série de conversions du 5 0/0 en 4 1/2 0/0, en 1883, puis de ce 4 1/2 en 3 1/2 en 1894, procurèrent à l'Etat respectivement 34 et 68 millions de francs d'économies annuelles. Une conversion fâcheusement hâtive du 4 1/2 et 4 0/0 anciens en 3 0/0, organisée par M. Rouvier en 1887 réduisit les intérêts de plus de 5 millions. Ce n'est pas tout encore ; en 1875 une conversion des obligations Morgan 6 0/0 en une annuité à la caisse des

[1] *Compte général de l'administration des finances pour l'année 1869.*

[2] Raffalovich. *Le marché financier en 1893-94*, Paris, Guillaumin, 1894, p. 381 et suiv.

Dépôts et Consignations procura un capital de près de 67 millions sans augmentation de charges [1], puis en 1892 une nouvelle conversion du même emprunt permit d'économiser encore 810.000 francs sur les arrérages.

Enfin, les lois des 29 décembre 1876, 7 avril 1879, 26 juillet 1893 décidèrent le remboursement des obligations trentenaires et quinzenaires de toutes sortes 5 0/0, ou 4 0/0 qui furent transformées en 3 0/0 amortissable ou en annuités à 3,25 ou 3 0/0. Comme dans la plupart des cas il y a allongement du terme de remboursement et par suite réduction de la somme consacrée à l'amortissement, il est difficile de chiffrer exactement le bénéfice de l'Etat sur les intérêts, mais il ne peut être très inférieur à une quinzaine de millions.

Le tableau des bénéfices réalisés par suite des conversions s'établit donc comme suit :

Date de la conversion	Economie annuelle
Conversion de 1825 (5 0/0 en 4 1/2 et 3 0/0)	6.200.000 fr.
— 1852 (5 0/0 en 4 1/2).. ...	17.000.000 »
— 1862 (157 millions de capital soit à 3 0/0 (Fould)	4.710.000 »
A reporter...........	27.910.000 »

[1] Mathieu Bodet, *Les finances françaises de 1870 à 1878*, Hachette, 1881, I, p. 166.

Date de la conversion	Economie annuelle
Report..........	27.910 000 fr.
Conversion de 1875 (66.389.000 fr. en ca-pital, soit (Morgan)....	2.000.000 »
— 1883 (5 0/0 en 4 1/2)......	34.300.000 »
— 1887 (Rouvier)	5.300.000 »
— 1892 (Morgan)..........	810.000 »
— 1894	68.700.000 »
Conversions diverses d'obligations à court terme.......................	15.000.000 »
	154.020.000 fr.

L'Etat français doit donc aux conversions une économie annuelle de plus de 150 millions depuis le commencement du siècle, et de plus de 125 millions dans ces dernières 25 années. C'est là sans aucun doute un précieux secours apporté aux finances publiques et un très sensible ralentissement de la progression de dépenses. Mais combien les résultats obtenus sont inférieurs à ce qu'aurait réalisé une ferme et clairvoyante administration de notre dette.

D'abord, comme nous l'avons vu, les conversions furent presque toujours trop tardives. Dès 1824, les rentes 5 0/0 étaient au-dessus du pair[1], et une conversion en 4 1/2 aurait été possible.

Sous le gouvernement de Juillet, une conversion en 4, puis en 3 1/2 aurait pu être menée à bien,

---

[1] Le 5 mars 1824 à 104 fr. 80.

puisqu'en 1844 le cours moyen du 4 0/0 fut de 106 fr. 05 et de 108 fr. 55 l'année suivante. L'économie annuelle ainsi réalisée[1] par le gouvernement de la Restauration eut été de 28 millions de francs et par la monarchie de Louis-Philippe de 18 1/2 millions de francs, soit en tout plus de 46 millions au lieu des 23 millions obtenus par la conversion de M. de Villèle et celle de M. Bineau, tardivement opérée en 1852.

Mais le manque de décision n'est pas le seul défaut qui caractérise cette partie de nos opérations financières. On constate encore que la plupart ont été faites dans des conditions mauvaises, en vue d'un bénéfice immédiat et en sacrifiant les intérêts réels du Trésor. Au lieu de convertir un fonds au-dessus du pair en un autre fonds immédiatement inférieur, on a souvent converti en un fonds très éloigné du pair, obtenant ainsi soit une réduction d'intérêts légèrement supérieure, soit une soulte, mais en se privant du bénéfice de conversions ultérieures pour une longue période. C'est le défaut de la conversion de Villèle du 5 0/0 en 3 0/0 en 1825, de la conversion Fould en 1862 et aussi de la conversion Rouvier en 1887.

Enfin, le mal est venu surtout de cette tendance

---

[1] Leroy-Beaulieu, *Science des finances*, Guillaumin, 1899, II, p. 523.

qu'ont eue les gouvernements à emprunter toujours
au-dessous du pair. La raison en est que, les rentiers
préférant un fonds éloigné du pair et offrant une
marge à la hausse plus considérable, l'Etat obtient
ainsi une légère économie sur les intérêts annuels.
C'est pourquoi la Restauration émit ses premiers
emprunts en 5 0/0 à 52 francs, à 57 et 67 francs, et
que la plupart des rentes créées par le second
Empire étaient du 3 0/0 émis entre 60 fr. 50 et
69 fr. 25. Les obligations Morgan elles-mêmes qui
étaient du 6 0/0, portaient encore un intérêt trop
faible, puisqu'on ne put les placer qu'au taux
moyen de 404 francs soit 7,42 1/2 0/0 d'intérêts[1].
N'aurait-il pas mieux valu émettre du 7 0/0 et se
ménager la possibilité de conversions ultérieures ?
Mais il est certain qu'en France on n'a jamais
prêté, lors des emprunts, une attention suffisante à
la possibilité des conversions futures.

Si dans le passé on n'a pas tiré tout le bénéfice
des réductions d'intérêts que rendaient possibles les
circonstances, il faut constater du moins que l'avenir présente encore de ce côté de belles espérances.
Dès maintenant, il est vraisemblable qu'une partie
de la dette française serait susceptible de conversions ; il s'agit de toute cette série d'annuités

[1] Mathieu Bodet, Les finances françaises de 1870 à 1878, I,
p. 166.

et de petits emprunts inscrits çà et là au budget,
comme ceux, par exemple, dont les charges forment
le chapitre 60 du budget de l'instruction publique :
« Ce crédit, dit M. Pelletan[1], se compose d'un grand
nombre de petits emprunts dont on ne pourrait
dégager le taux d'intérêt et les conditions de remboursement qu'après une étude laborieuse. Il est
probable que dès qu'on sera enfin venu à bout sur
ce point des lenteurs administratives, on trouvera
dans ce chapitre les éléments de nombreuses conversions, faciles dans l'état actuel du crédit et qui
pourront soulager d'une somme sérieuse, non seulement le budget de l'Etat, mais encore nombre de
budgets locaux. »

Plus important encore sera le bénéfice qui résultera de la conversion du 3 1/2 en 3 0/0. Cette opération qui serait dès maintenant praticable puisque le
3 0/0 est aux environs de 101 francs, deviendra léga-
lement possible en 1902. L'économie annuelle qui
en résultera sera de 34 millions de francs.

Enfin, plus lointaine sans doute, mais nullement
improbable apparaît la conversion de toutes nos
rentes 3 0/0 ainsi obtenues en 2 trois quarts 0/0, soit
une nouvelle diminution de 55 millions dans le
chiffre de nos dépenses.

[1] *Rapport général au nom de la Commission du budget de*
1899.

Jointes aux 154 millions d'économies réalisées au courant de ce siècle, ces deux sommes de 34 et 55 millions formeraient un total de 243 millions de francs, importante réduction du budget des dépenses, qui serait due uniquement à cette transformation économique, la baisse du taux de l'intérêt.

II

Moins importante, en ce qui concerne la France, est la réduction des arrérages de la rente, par suite de l'amortissement d'une fraction du capital. Il n'y a, en effet, d'amortissement véritable que si on cesse d'emprunter, car, si on se borne à emprunter d'un côté ce qu'on rembourse de l'autre, il y a là une opération qui non seulement ne produit aucun effet utile, mais est en général passablement onéreuse pour un Etat.

Or, c'est justement cette façon d'agir qui a été en honneur en France : si l'on envisage une période de quelque durée, on trouve toujours que les amortissements ont été inférieurs aux emprunts.

Si on ne tient pas compte des emprunts contractés par le gouvernement de la Restauration, pour solder l'arriéré du premier Empire, les indemnités de guerre et l'indemnité des émigrés, emprunts qui se montèrent en total à 130.148.313 francs de rentes, on constate que le gouvernement emprunta, pour des causes diverses, à lui personnelles, 8.633.604 francs de rentes, tandis que la caisse d'amortissement en racheta 16.020.094 francs[1]. Outre qu'il eût été préférable d'amortir moins et de ne pas emprunter, il faut encore tenir compte de ce fait, qu'une partie des fonds d'amortissement proviennent de l'aliénation de forêts domaniales, dont il fut vendu 122.000 hectares, de 1818 à 1824, pour un prix brut de 88.241.164 francs. L'amortissement opéré à l'aide des excédents budgétaires pendant cette période doit donc être assez faible.

De 1818 à 1848, il fut racheté 702 millions de rentes en capital, mais les emprunts montèrent à une somme bien plus considérable et la dette flottante s'accrut d'une façon anormale.

Sous l'Empire, l'amortissement ne fonctionna guère que de 1866 à 1870 et une centaine de millions furent consacrés à cet usage ; mais, les rentes ainsi rachetées ont été, après nos désastres, attribuées au compte de liquidation et émises à nouveau dans le public.

Depuis 1871, l'amortissement a continué de fonctionner en France, de façon régulière ; de 1871 à 1890, on a remboursé au total 3.284 millions. Les crédits inscrits à certains budgets ont atteint des chiffres

---

[1] *Dictionnaire des finances*, Léon Say. — Leroy-Beaulieu, *Science des finances*, II, p. 470 et suiv.

très élevés, comme en 1883, où ils furent de 184.579.100 francs, et en 1886, où ils montèrent à 172.153.800 francs [1].

En ces toutes dernières années, le mouvement s'est un peu ralenti et l'amortissement pour l'exercice 1899 n'est évalué, par M. Pelletan, qu'à 96.086.927 francs. Les remboursements les plus importants effectués pendant cet exercice étant ceux qui ont trait :

aux rentes 3 0/0 amortissables....... 24.914.500 fr.
aux obligations à court terme........ 30.000.000 fr.
à la liquidation des caisses vicinales
  et scolaires .... 14.854.464 fr.
à l'emprunt Morgan................   9.880.524 fr.
à des annuités aux compagnies de
  chemins de fer...................   7.793.704 fr.

En somme on peut évaluer à 4 milliards environ le total des amortissements effectués par le gouvernement de la République de 1871 à 1899.

Que ce soit là une œuvre vraiment utile, cela ne paraît nullement certain si on considère que de 1875 à 1894, il a été emprunté un capital nominal de 6.634.821.000 francs et il semble plutôt que, comme le disait en 1883, M. Rouvier [2], alors président de la Commission du budget, les amortissements ainsi

[1] *Bulletin de statistique et de législation comparée*, juillet 1890, p. 8.
[2] Séance de la Chambre du 2 décembre 1883.

conçus sont un simple jeu d'écritures dont le principal inconvénient est de coûter assez cher à l'Etat[1].

Mais quelle que soit l'utilité de l'amortissement tel qu'il a été pratiqué, il n'en faut pas moins constater qu'il produira à un moment donné un soulagement important pour le budget. Des relevés ont été publiés à diverses reprises, notamment en 1880, 1884 et 1890, qui indiquent la décroissance probable des sommes à payer chaque année par l'Etat sous forme d'annuités. Sans doute les évaluations de ce genre sont fragiles et sujettes à varier. Au moins peut-on dire qu'aucune des annuités aujourd'hui inscrites au budget et qui se montent, intérêt et amortissement compris, à 316.878.554 francs ne subsistera après la moitié du siècle prochain, lorsque notamment le remboursement de la dette 3 0/0 amortissable sera effectuée.

Quelle serait à ce moment la situation du budget français si on cessait bien entendu d'ici là de faire appel au crédit et si les finances étaient sagement administrées?

La dette remboursable à termes ou par annuités aurait disparu. La dette consolidée, convertie en

[1] Cependant en ces toutes dernières années on semble avoir renoncé à emprunter; aussi, grâce aux amortissements effectués le capital de la dette française serait d'après M. Caillaux de 550 millions moins élevé en 1899 qu'en 1895. (Exposé des motifs du projet de budget de l'exercice 1900).

2 3/4 0/0, ce qui est une hypothèse très modérée puisque la conversion en 2 1/2 à une époque aussi éloignée ne paraît nullement improbable, n'exigerait plus qu'une somme de 570 millions par an environ. Ainsi les budgets du milieu du siècle prochain bénéficieraient sur cette seule fraction de la dette publique, d'une réduction de près de 450 millions de francs, relativement au budget de 1899.

III

Mais ce n'est pas là encore la limite des espérances que peut fournir l'examen des ressources à venir de l'Etat français.

La plus grande partie des lignes de chemins de fer est actuellement exploitée par des compagnies concessionnaires dont le privilège expire entre 1950 et 1960[1]. Or à l'expiration des concessions toutes les installations immobilières feront retour à l'Etat. Quant au matériel roulant et à l'outillage l'Etat devra les racheter pour leur valeur estimée à dire d'experts.

[1] Elle est fixée aux dates suivantes pour les compagnies principales :

Nord	31 décembre 1950
Est.	30 novembre 1954
Paris-Lyon-Méditerranée . . .	31 décembre 1955
Orléans et Ouest	» 1956
Midi	» 1960

Il est difficile de prévoir exactement la valeur des lignes qui reviendront à l'Etat lors de l'expiration des concessions, puisque des inventions nouvelles, venant se substituer aux chemins de fer, pourraient les déprécier sensiblement. Cependant, le plus vraisemblable est que, grâce à l'augmentation du trafic, la valeur de ces exploitations augmentera encore comme rendement annuel et, par suite, comme valeur intrinsèque. On peut, en tous cas, pour rester dans un juste milieu, faire une évaluation approximative sur les bases d'appréciation des valeur et rendement actuels.

Le capital engagé dans les exploitations de chemins de fer, quelle que soit la source dont il provienne, était, à la fin de 1896, de plus de 17 milliards de francs[1]. Quant au rendement brut, il a été, pour cette même année 1896, de 1.298 millions de francs, impôt déduit; les dépenses totales d'exploitation étant de 687 millions, le produit net a été de 611 millions.

L'Etat, à l'expiration des concessions, devant recevoir le matériel fixe complètement amorti et net de toutes charges, il n'aura donc à payer que le matériel roulant. La valeur de celui-ci est actuellement d'environ 1.900 millions[2], elle représenterait

[1] Colson, *Tarifs et transports*, p. 317.
[2] *Economiste français* du 25 février 1899, p. 237.

donc, au taux de 2 3/4 0/0, taux probable de l'intérêt vers 1950, une charge annuelle de 52 millions de francs pour l'Etat ; la ressource nette annuelle dont bénéficierait l'Etat serait ainsi de 550 millions de francs environ, soit à peu de chose près ce que devrait coûter à cette époque le service des intérêts de la dette consolidée.

A supposer donc que l'Etat, au lieu d'exploiter lui-même les chemins de fer, les concédât à nouveau à des compagnies, à charge pour elles de servir les intérêts de la dette publique perpétuelle, il n'est nullement déraisonnable de croire que celle-ci disparaîtrait complètement du budget. Comme à la même époque, la dette remboursable aurait également ment disparu, la différence entre le budget des dépenses de 1899 et ceux des années postérieures à 1960 pourrait, de ce chef, être de plus de un milliard de francs.

De telles évaluations, quoique naturellement incertaines, étant donnée la longueur de temps qui nous sépare encore de l'échéance, ne sont nullement exagérées, puisqu'il est très probable que le produit net des chemins de fer sera, au milieu du siècle prochain, très supérieur à ce qu'il est aujourd'hui et que, d'autre part, le crédit de l'Etat à cette époque lui permettra de capitaliser ses fonds à un taux moindre que 2 3/4 0/0. Il est vrai que la valeur du matériel roulant sera sans doute plus grande à ce

moment qu'elle n'est de nos jours, si on en juge
d'après les données de ces dernières années.

Evaluée à 1.644 millions en 1888 et à 1.740 en
1892, on l'estimait à 1.900 millions en 1899.

La progression est donc rapide. Mais ici intervient
un autre élément dont il faut tenir compte.

L'Etat, par suite des conventions passées avec les
Compagnies en 1883, leur a avancé, à titre de garanties d'intérêts, une série de sommes qui portent intérêt à son profit au taux de 4 0/0. Les Compagnies
doivent rembourser l'Etat aussitôt que leurs ressources le leur permettront, mais dans le cas où
elles ne seraient pas libérées à l'expiration des concessions, cette dette viendrait en déduction de la
somme à payer par l'Etat pour l'acquisition du matériel roulant.

Or, cette dette des Compagnies se montait au 1er
janvier 1898, pour la France seulement, à 787.818.000
francs[1]. Si on y joint les sommes prêtées par l'Etat

[1] Ainsi répartis :

Est....................	172.550.000 francs
Orléans...............	182.331.000 —
Midi..................	203.449.000 —
Ouest.................	221.731.000 —
Chemins locaux, écono-
miques et départemen-
taux	7.745.000 —

(*Compte général des finances pour l'année 1897*).

au réseau Algérien et Tunisien, on arriverait à un total de 1.220,8 millions, compte capital et compte intérêts compris.

Il est d'ailleurs très probable que les Compagnies se libéreront bien avant l'échéance des concessions; l'une d'elles, le Paris-Lyon-Méditerranée, a même déjà commencé à rembourser à l'Etat ce qu'elle lui devait[1].

Il est probable que les autres Compagnies entreront peu à peu dans la voie des remboursements, si on considère la décroissance des sommes payées chaque année par l'Etat au compte de la garantie d'intérêts. Ces sommes ont varié entre 63 millions en 1884, et 103 millions en 1886, pour retomber à 73 millions en 1890 et remonter à 109 en 1893. Mais depuis ce moment, la décroissance est constante; le compte n'est plus que de 87 millions en 1894, 61 en 1895, 34 en 1896, et enfin de 22.230.000 francs en 1897[2]. Un crédit de 20 millions qui sans doute ne sera pas épuisé figure pour cet objet au budget de 1899.

[1] Le système adopté est le suivant : La Compagnie était créancière de l'Etat pour un capital de 243 millions, pour lequel l'Etat lui versait une annuité de 10.380.000 francs ; d'autre part, elle était débitrice de 150.857.000 francs à elle avancés par l'Etat à titre de garanties d'intérêts. Une convention du 17 mai 1897 a compensé ces dettes, et a réduit de 6 millions par an l'annuité à payer par l'Etat.

(*Economiste français*, du 23 juillet 1898.)

[2] Colson, *Les chemins de fer et le Budget*, p. 103.

En définitive, à ne considérer que la France seulement, il s'agit d'une créance de l'Etat, montant actuellement à 800 millions environ, qui, remboursée avant l'échéance des concessions ou à ce moment seulement, pourra être portée en déduction de notre dette publique pour 24 millions annuellement, c'est-à-dire pour une somme qui n'est nullement négligeable.

On peut donc affirmer que la dette de l'Etat français, exception faite pour la dette viagère, pourrait être sensiblement réduite par les conversions et les amortissements dès les premières années du siècle prochain, pour disparaître même complétement vers 1960 par le jeu combiné de l'amortissement organisé au budget et de l'amortissement occulte auquel se livrent pour le compte de l'Etat les grandes compagnies de chemins de fer.

Ces brillantes perspectives d'avenir ne pourraient, bien entendu, se réaliser que si nos finances étaient administrées avec une grande sagesse pendant cette longue suite d'années, et à condition qu'aucun événement imprévu comme une guerre européenne ne vint détruire des espérances bien légitimes.

La situation de la France en ce qui concerne la dette n'est pas à tout prendre sensiblement plus mauvaise que celles des nations les plus riches, comme l'Angleterre, et elle peut sans trop de désavantages supporter la comparaison.

Sans entrer dans l'examen de la constitution de la dette anglaise ni des procédés employés au courant de ce siècle pour en réduire le capital et les arrérages annuels, il suffit de constater les résultats obtenus. D'une façon générale on peut dire que la dette anglaise a été comme la nôtre, contractée dans des conditions défectueuses, bien au-dessous du pair ; mais au moins les gouvernements anglais n'ont-ils que rarement tardé à pratiquer des conversions lorsqu'elle étaient possibles et un système persévérant d'amortissement au moyen de rentes viagères, annuités terminables, obligations à échéances fixe ou incertaine a constamment réduit le capital.

En 1837 [1] le montant brut de la dette anglaise était de 21 milliards de francs (853.301.991 livres sterling); il était de 16 milliards en 1897 (644.956.000 livres). Dans la même période les intérêts sont tombés de 29. 575 mille livres à 25 millions de livres.

Depuis 1889, on n'a jamais consacré à l'amortissement une somme annuelle de moins de 125 millions de francs (5 millions de livres), et en 1899-1900, on y consacrera 7.736.000 livres; soit 193,5 millions de francs [2].

Une réduction de 5 millions de livres sterling (125 millions de francs) sur un chapitre des dépenses

[1] *Financial News,* n° du 14 juin 1897.
[2] Rapport de M. Hicks-Beach, chancelier de l'Echiquier. — *Daily Telegraph,* 14 avril 1899.

publiques est certainement d'un puissant secours pour la Grande-Bretagne, et c'est là une efficace contre-partie à tant de causes d'accroissement du budget. Mais l'exemple le plus remarquable est certainement fourni par les Etats-Unis d'Amérique. Que l'on doive admirer sans réserves l'énergie incroyable qu'ils ont apportée à la réduction de leur dette, ou penser qu'ils ont été un peu vite en besogne, cela importe peu quant à l'importance des résultats obtenus. Le tableau de la dette des Etats-Unis s'établit comme suit pour la période de 1870 à 1897, qui a été marquée par une série de conversions du 6 et du 5 0/0 en 3 et même 2 1/2, en même temps que par un amortissement continu[1].

Années	Montant de la dette en capital	Intérêts annuels
1870	2.046.455.000 dollards.	118.784.000 dollars.
1880	1.723.993.000 »	79.663.000 »
1890	725.313.000 »	29.417.000 »
1892	585.029.000 »	22.893.000 »

Depuis, il est vrai, une augmentation nouvelle est survenue et, en 1897, nous trouvons 847.367.000 dollars et 37.585.000 dollars comme montant de la dette et des intérêts. Mais à ne considérer que la période de 1870 à 1892, on est étonné de trouver

[1] *Bulletin de statistique et de législation comparée*, avril 1899, p. 398.

une source d'allègement des dépenses de 96 millions
de dollars, soit près de 500 millions de francs.

Aucune autre nation n'a jamais fourni un effort
ni atteint un résultat comparable à celui-là. Le plus
important exemple de réduction du poids de la dette
que l'on puisse citer étant celui de la Hollande qui,
de 1814 à 1870, abaissa de 3.600 millions de francs à
2 milliards le capital de sa dette et en réduisit de
moitié les intérêts [1].

Quoique dans une moindre mesure, il est pourtant peu d'Etats européens qui n'aient trouvé dans
des réductions de ce genre les moyens de contreba-
lancer, au moins en partie, l'accroissement de leurs
dépenses, et on peut prévoir que, dans un avenir
prochain, ils trouveront encore là l'occasion d'économies importantes.

[1] P. Leroy-Beaulieu, *Science des finances*, p. 493.

CHAPITRE II

Economies sur l'ensemble du budget.

Le cas spécial des chemins de fer procurant à l'Etat français un moyen d'amortir sa dette publique n'est pas le seul exemple de réduction des dépenses, rendue possible par le progrès des sciences et les inventions nouvelles. D'une façon générale on peut dire que cette cause a procuré à l'Etat d'importants bénéfices en venant combattre directement les augmentations de dépenses produites par la diminution de valeur de l'argent. Tandis que, par suite de celle-ci, salaires et produits tendaient à hausser, en apparence au moins, ils tendaient d'autre part à baisser par suite des progrès de la fabrication, d'où économie pour l'Etat soit directement sur les objets acquis par lui, soit indirectement par l'intermédiaire des salaires, à cause de la baisse des objets nécessaires aux employés et salariés du budget. Il s'en est suivi un ralentissement très sensible dans l'augmentation de certains chapitres du budget et certainement une réduction pour quelques-uns. D'autres part l'Etat étant lui-même producteur et

fabricant, de tabac, d'allumettes, par exemple, il est
évident que tout progrès venant à réduire les frais
de fabrication, réduit par le fait même le budget
des dépenses où ils sont inscrits. Il y a là un ensemble d'économies de détail dont il est impossible
de chiffrer l'importance, étant donnés le nombre et
la variété des crédits dont il s'agit mais qui sont à
coup sûr considérables.

Mais ce n'est pas tout d'ailleurs, car le progrès de
certaines industries, celles des transports et des
moyens de communication par exemple, télégraphe,
téléphone, chemins de fer, rend possibles de grosses
économies dans le fonctionnement de nombre de services publics, en permettant de supprimer des rouages
autrefois indispensables. En matière d'administration comme en toute autre, le perfectionnement de
l'outillage rend possible l'exécution d'un service avec
des frais moindres. De ces circonstances, l'esprit
d'économie de certains administrateurs des finances
publiques a su tirer parti, en même temps que sur
d'autres points il venait réparer les excès autrefois
commis, dans des périodes d'entraînement à des
dépenses exagérées. Comme dans beaucoup de cas,
il est à peu près impossible de distinguer parmi
les économies réalisées celles qui sont dues à un
changement survenu dans les circonstances et celles
qui sont seulement le fruit d'une administration plus
sage, il faut seulement constater l'importance de

ces économies sans en distinguer trop la cause première.

Que ces économies aient été possibles, cela a été
reconnu à maintes reprises par les déclarations du
Gouvernement et de la Commission du budget.
Chaque année, depuis bien longtemps, on ne cesse
de proclamer comme le faisait récemment M. C.
Krantz [1], « que certaines dépenses administratives
sont aujourd'hui hors de proportion avec les besoins
réels du pays, de même que beaucoup de formalités
paraissent aujourd'hui surannées », et de rechercher
les conditions d'application des mesures nouvelles :
« Dès aujourd'hui, écrivait en 1896 le ministre
des finances [2], est commencé dans tous les grands
services publics, l'examen des simplifications réa-
lisables dans leur organisation et leur fonctionnement. Supprimer les formalités inutiles, sans
compromettre les garanties de régularité et de
contrôle que commande l'intérêt du trésor et des
citoyens, simplifier les rouages administratifs de
façon à compenser les charges nécessitées par l'extension des services anciens ou la création indis-
pensable des services nouveaux, fusionner au besoin
certains emplois dont les attributions peuvent être
réunies sans inconvénients, parfois même avec avan-

[1] Rapporteur au nom de la Commission du budget de 1897.
[2] M. Cochery, *Exposé des motifs du projet de budget de 1897.*

tage pour la bonne et prompte exécution des affaires, réduire aussi le nombre des fonctionnaires, tout en respectant les droits acquis et en améliorant leur situation, tel est le programme dont nous avons entrepris la réalisation, et que le Gouvernement peut seul mener à bien. » Les Commissions du budget, il est vrai, prétendent aider le gouvernement dans cette tâche et éclairer ou au besoin stimuler son zèle. Aussi le concours de toutes ces bonnes volontés réussit chaque année à découvrir quelques services à simplifier ou quelques crédits à réduire, et pour faibles qu'elles soient, ces économies atteignent à la longue des chiffres respectables. Il en est publié des tableaux de temps en temps, comme celui que produisait en 1896 M. Krantz et où il constate que « l'énergique et persévérante volonté du parlement a abouti à un ensemble de mesures dont les conséquences budgétaires depuis 1883 se traduisent par plus de 400 millions d'économies. »

En somme, que les économies soient rendues possibles, soit par le progrès, soit par une sage administration succédant à des gaspillages antérieurs, et que de temps à autre d'utiles réformes soient effectuées, cela paraît incontestable et ne demande pas très ample démonstration. Mais la difficulté véritable serait d'évaluer les économies réalisées, non seulement à cause de leur nombre et variété extrêmes, mais parce qu'il s'en faut de beaucoup que toutes

les réformes soient sincères et que toutes les économies contenues dans un budget soient des économies réelles.

Ce que M. Léon Say, ancien ministre des finances,
dit de quelques économies et réformes réalisées
dans le budget du ministère des finances en 1884, a
une portée générale et peut s'appliquer dans d'autres
cas.

Il s'agissait d'une réduction de 3.700.000 francs,
opérée sur une fraction du budget de 215 millions.
« On trouve, dit M. Léon Say [1], dans cette réduction
de moins de 4 millions l'application des principes
les plus vicieux de la méthode nouvelle. Certains
crédits sont diminués, mais pour revenir dans
quelques mois sous forme de crédits supplémentaires, c'est le premier principe ; quelques autres
crédits sont atténués parce qu'on a modifié les évaluations sans apporter d'ailleurs aucun changement
au montant des dépenses réelles, c'est le deuxième
principe ; d'autres crédits enfin sont réduits parce
qu'on a pratiqué à leur égard l'escompte des annulations et parce qu'on a tenu un plus grand compte
des vacances d'emplois, c'est le troisième principe.»
Ainsi toutes ces prétendues économies sont parfaitement inutiles puisqu'elles ne portent que sur des
évaluations de dépenses. « Les calculs de cette

[1] *Les finances de la France sous la troisième République*, p. 32.

nature ne changent rien à la nature des choses. Tout le monde sait bien que ce ne sont pas les recherches de la commission, mais bien les faits qui établiront les dépenses[1]. »

Elles sont même nettement nuisibles puisque les unes tendent à l'augmentation de crédits supplémentaires, les autres à la réduction des annulations, toutes à la rupture de l'équilibre budgétaire et à l'augmentation du déficit.

L'évaluation des économies réellement effectuées étant ainsi rendue singulièrement difficile, il faut renoncer à connaître leur montant exact, tout en constatant qu'il a dû atteindre au courant de ce siècle des chiffres très considérables. Une seule chose semble certaine c'est que toutes les réformes possibles n'ont pas été effectuées. Cela ressort des affirmations répétées et rarement suivies d'effets des divers rapporteurs et ministres des finances. Dans beaucoup de cas on n'a tiré qu'un médiocre parti des occasions offertes et souvent on les a laissé échapper soit par indifférence, soit par parti pris. Quelques-unes des fautes ou des omissions des anciens gouvernements ont produit des effets irréparables, car souvent les droits acquis par des tiers rendent un retour en arrière impossible ; toutefois il est certain qu'en ce moment même, un ensemble

[1] Léon Say, *op. cit.*, p. 33.

de mesures pourraient être prises qui procureraient
une notable décroissance des dépenses publiques et
qui pourraient être suivies de nombreuses autres dans
un avenir plus ou moins éloigné.

Il est impossible d'énumérer et à plus forte raison
de discuter toutes les économies de détail qui sont
proposées sur chacun des services publics. Leur
nombre est trop considérable et d'ailleurs l'appréciation de la valeur de chacune d'elles demanderait
une compétence spéciale. La complication du sujet
est même si grande qu'un député [1] proposa il y a
quelques années d'établir un concours entre les fonctionnaires des diverses administrations publiques,
qui signaleraient les réformes possibles chacun dans
leur service. Cependant l'unanimité des critiques est
telle qu'il est impossible de ne pas croire à la possibilité d'un nombre considérable d'économies.

Un argument très fort, mis à l'appui de cette thèse
que l'Etat n'a pas tiré tout le parti possible des occasions offertes est la comparaison qu'on a faite entre
le budget de l'Etat et celui des grandes sociétés privées ; c'est ainsi que les compagnies de chemins de
fer français, malgré une grosse augmentation du
trafic, du matériel et des pensions en ces dernières

---

[1] M. Labussière, député. Proposition de loi tendant à la
simplification des rouages administratifs, et à la suppression
des emplois inutiles, présentée le 11 décembre 1894.

années, n'augmentent que très lentement l'ensemble
de leurs dépenses. Les entreprises privées, en effet,
s'empressent de profiter des moindres progrès de la
science, pour modifier leur outillage et économiser
sur les frais de production ou d'administration.
L'Etat, au contraire, malgré l'invention des chemins
de fer, des télégraphes, des téléphones, n'a supprimé
ni un juge de paix ni un sous-préfet ; l'organisation
administrative, créée à une époque lointaine et pour
une civilisation moins avancée que la nôtre, n'a en
rien été modifiée ; l'utilité de certains orgnaes a disparu, mais les organes subsistent ; si des besoins
nouveaux se font sentir, on crée des services nouveaux, mais les services anciens survivent longtemps
à la cause qui les avait fait créer.

La chose a été constatée souvent. En 1887,
M. Goblet, réclamant la suppression des sous-pré-
fectures, faisait remarquer que « la situation du pays
au point de vue de la facilité des relations entre
les populations et les représentants du gouvernement
s'est considérablement modifiée depuis la loi de
l'an VII. Il semble en conséquence que les divisions
administratives créées à cette époque pour un état
de choses différent, n'aient plus de raison d'être et
qu'elles doivent en grande partie disparaître ». Mais
les arguments les plus évidents n'ont pu vaincre
l'inertie du législateur. Les réformes de détail ont
été négligées pendant si longtemps qu'il est permis

de se demander aujourd'hui s'il ne serait pas préférable, au lieu d'opérer une série de petites réformes çà et là, sans méthode et sans plan concerté, d'entreprendre une réforme générale et simultanée de toutes les parties de notre système administratif.

Cette idée d'une réforme générale est incontestablement regardée par quelques-uns comme nettement heureuse. « Il faut bien se rendre compte, dit M. Ribot[1], qu'on ne pourrait réaliser des économies appréciables que par la réorganisation de certains services, par la suppression de rouages dont l'utilité pourrait être discutée, par un plan largement conçu de décentralisation administrative. » De nombreuses propositions de loi ont été déposées à ce sujet en ces dernières années et une commission parlementaire spéciale a été nommée pour examiner tout ce qui a trait à la question.

Aucun résultat n'a été obtenu jusqu'ici ; et il est certain qu'une question aussi grave que le remaniement complet de notre système administratif ne saurait être tranchée sans mûre réflexion, sans l'examen approfondi des avantages et inconvénients que peut entraîner la réforme et parmi lesquels les arguments de l'ordre financier restent forcément au second plan. Mais s'ils ne sont pas suffisants pour

---

[1] M. Ribot, ministre des finances, exposé des motifs du projet de loi portant fixation du budget de l'exercice 1896.

déterminer à eux seuls la marche à suivre, ils n'en ont pas moins une certaine valeur.

Une proposition de loi récente sur la décentralisation[1] insiste très vivement sur les conséquences budgétaires de la réforme « qui permettrait de réaliser immédiatement sur le budget de l'Etat une économie de plus de 200 millions ». Une série de tableaux indique ensuite, article par article, la série des économies obtenues. Sans doute, il ne s'agit pas là d'une économie absolue pour le contribuable, puisque nombre de dépenses seraient non pas supprimées, mais seulement transportées aux budgets locaux ; cependant, les auteurs du projet estiment que les suppressions réelles de dépenses pourraient être d'une cinquantaine de millions.

Peut-être y a-t-il cependant un peu d'exagération dans l'évaluation des économies qu'on pourrait réaliser sur ce point. M. Krantz[2] constate que « les dépenses d'administration générale, quand on en sépare tout ce qui concerne la défense nationale et les frais de régie, ne dépassent pas le chiffre relativement modeste de 241 millions. C'est cependant sur ce chiffre, dont on ne se fait pas une idée suffisamment exacte, que l'opinion publique semble le plus prompte à réclamer des réductions de dépenses,

[1] Proposition de loi présentée par MM. de Ramel, de Mackau, Plichon, etc. Séance du 9 juillet 1898.
[2] *Rapport général sur le budget de 1897.*

à l'aide desquelles il lui semble aisé d'équilibrer les plus ambitieuses réformes. Inutile de faire remarquer que, par aucun moyen, ces réductions ne pourront jamais atteindre les centaines de millions auxquels on les évalue parfois ».

On peut admettre l'exactitude de cette observation en ce qui concerne ce point particulier et concéder que la réforme de cette fraction de l'administration ne pourrait jamais être très importante à elle seule ; mais il ne s'ensuit pas que le reste du budget des dépenses soit incompressible : il n'est pas impossible de chercher à opérer des réductions sur les frais de régie et de perception des impôts ; il n'est pas invraisemblable non plus qu'on pourrait réduire les budgets de la guerre et de la marine sans nuire en rien aux intérêts de la défense nationale ; enfin, il ne faut pas oublier que toutes les réformes opérées auraient une répercussion sur la dette viagère de l'Etat qui serait réduite peu à peu. On peut donc croire qu'il n'y a aucune exagération à parler de quelques dizaines ou même centaines de millions d'économies actuellement possibles [1], et il est vrai-

[1] M. Paul Leroy-Beaulieu, par exemple, n'estime pas à moins de 250 à 300 millions les économies qu'on pourrait réaliser en sept ou huit ans par de judicieuses réformes.

Ces économies sont exposées et discutées chapitre par chapitre dans les nos des 4, 11 et 18 mars 1899, de l'*Economiste français*.

semblable que ce n'est pas là une limite extrême des allégements de dépenses dont pourront profiter les budgets futurs, par suite du progrès des sciences et des industries, progrès qui ne peut que s'accentuer encore dans l'avenir.

TROISIÈME PARTIE

REMÈDES PROPOSÉS.

De l'examen des causes qui ont déterminé dans le courant de ce siècle et qui semblent devoir déterminer dans l'avenir les variations des chiffres des budgets d'Etat, on peut conclure que les chiffres actuels sont encore susceptibles de très larges variations, soit dans un sens, soit dans l'autre.

D'une façon générale, mais plus spécialement en ce qui concerne le budget français, l'augmentation pourrait provenir de l'extension du rôle de l'Etat et de la mise à sa charge de nombreuses fonctions aujourd'hui laissées à l'initiative privée. Une réduction d'abord lente, puis plus importante pourrait, au contraire, se produire si l'Etat, renonçant à étendre sa sphère d'action, s'efforçait de réparer peu à peu les fautes du passé et de saisir les chances heureuses que lui offre le progrès des sciences et des arts.

L'incertitude augmente et en même temps la grandeur des mouvements possibles, quand on envisage un avenir plus éloigné. La perspective est magnifique si on songe qu'au milieu du siècle prochain, le budget français des dépenses peut être allégé de plus d'un milliard par l'effet combiné des conversions, de l'amortissement et de l'expiration des concessions de chemins de fer, sans compter les économies qu'on pourrait réaliser sur les 1.100 millions de dépenses militaires, si un changement venait à se produire dans l'état actuel de l'Europe. Mais combien l'espoir de voir se réaliser cet avenir brillant semble fragile quand on songe à la progression constante, une trentaine de millions en moyenne, des budgets de ces dernières années, progression qui ne paraît nullement devoir être enrayée prochainement et qui s'est produite et se produira sans doute sans réaliser aucun des programmes capitaux de mutualité ou d'assurances sociales ; et quand on calcule que cette progression constante, si elle continue jusqu'au milieu du siècle prochain, absorbera et au delà les bénéfices résultant de chances heureuses. Encore faudrait-il tenir compte de la possibilité d'une guerre ou de quelque grande catastrophe nationale, susceptible de détruire brusquement les plans les plus sagement combinés.

Aussi, sans escompter trop largement l'avenir, faut-il, dès maintenant, engager une lutte opiniâtre au jour le jour contre le flot montant des dépenses, entreprendre la série des réformes de détail et attendre ainsi le moment où, les grandes économies étant devenues possibles, on pourra ramener les budgets à des proportions normales et assurer aux finances publiques un ordre stable.

C'est au législateur qu'incombe le soin d'entreprendre ce travail ardu et ingrat qui consiste à s'opposer aux dépenses nouvelles, aussi longtemps que l'utilité n'en a pas été parfaitement démontrée, et à effectuer toutes les économies compatibles avec le bon fonctionnement des services publics, dès qu'elles deviennent possibles. Par conséquent, c'est le choix même des législateurs qui a, en cette matière, une importance déterminante.

Mais la façon dont il est procédé à ce choix est d'une importance trop générale pour être mise en discussion à propos d'une simple question de finances.

Sans proposer aucune modification à la constitution, il faut seulement s'efforcer de modifier la législation et les règlements financiers, de façon à rendre plus dificiles les erreurs et les fautes dans la préparation, le vote, l'exécution et le contrôle du budget.

Un examen rapide de ces lois et règlements en France permet de voir les imperfections les plus critiquées ainsi que les systèmes proposés pour y porter remède.

CHAPITRE PREMIER

La préparation du budget.

Les deux qualités essentielles que doit présenter un budget bien préparé, sont de décrire *in extenso* toutes les opérations de recettes et de dépenses, sans confusion ni atténuation, et d'attribuer aux recettes et aux dépenses une évaluation aussi exacte que possible[1].

La première de ces règles, l'universalité est, à peu de chose près, observée par les budgets français actuels ; il subsiste quelques exceptions.

Les budgets annexes, par exemple, sont de peu d'importance, et si de temps en temps une dépense se cache encore derrière une recette, ces infractions tendent à devenir de plus en plus rares et elles sont sans cesse poursuivies par la Cour des Comptes.

Beaucoup plus graves sont les infractions à la règle de la juste évaluation des recettes et des dépenses. Des plaintes nombreuses sont suscitées par la pratique des majorations de recettes et surtout

[1] Stourm, *Le budget*, p. 143.

des atténuations fictives de dépenses, principale-
ment lorsqu'il s'agit de crédits évaluatifs, et nous
avons reproduit en parlant des économies opérées
dans le budget l'opinion de M. Léon Say au sujet
de ce système qui consiste à sous évaluer les dépenses lors de la confection du budget pour obtenir
un équilibre factice.

En somme il est incontestable que les erreurs
volontaires ou non sont beaucoup plus fréquentes
en France que dans beaucoup d'autres Etats, qu'en
Angleterre par exemple. Or, comme on n'a aucune
raison de croire les préparateurs du budget français
inférieurs à leurs collègues anglais, soit en compétence, soit en bonne foi, on a pensé que leur infé-
riorité était due aux défauts de notre législation.

Le premier reproche que l'on fasse à celle-ci, est
de placer la date de la préparation du budget à une
époque trop prématurée, trop éloignée de l'ouverture de la période d'exécution. Le budget français
est élaboré par les diverses administrations environ
quatorze ou quinze mois à l'avance. « N'est-il pas
vrai qu'un budget de dépenses préparé douze ou
quinze mois avant sa mise à exécution, ne peut être
définitif, que certaines dépenses quoique nécessaires
ne peuvent pas être prévues si longtemps à l'avance [1] ? »
La difficulté de la prévision n'est pas le seul incon-

[1] *Rapport général sur le budget de 1883,* par M. Ribot, député.

vénient du système en vigueur, mais il arrive en outre qu'elle sert d'excuse aux préparateurs pour « s'illusionner intentionnellement[1] ».

Frappés des inconvénients du système actuellement en vigueur, bon nombre de critiques pensent donc qu'il serait opportun de rapprocher la date de préparation du budget de sa date d'exécution. Deux procédés sont possibles : le premier consisterait à retarder la date de préparation, mais il présenterait cet inconvénient que le projet de budget au lieu d'être soumis aux Chambres, aux mois de janvier ou février[2], ce qui leur laisse un temps suffisant pour l'étudier avant les vacances parlementaires, ne leur serait plus remis qu'après les vacances, c'est-à-dire trop tard pour qu'elles puissent utilement l'examiner et le voter dans le court espace de temps qui les sépare du 1er janvier.

Un second procédé voudrait déplacer la date d'ouverture de l'année financière, la porter par exemple au 1er juillet. De cette façon le budget préparé pendant l'été serait soumis aux Chambres dès la rentrée, étudié et voté avant les vacances; en sorte qu'un intervalle de moins de 12 mois séparerait la préparation de l'exécution.

[1] Stourm, *Le budget*, p. 99.
[2] De 1880 à 1897, 4 projets de budget ont été déposés en janvier, soit 11 mois à l'avance, 5 en février, 2 en mars, etc.

Proposée pour la première fois par M. de Villèle et le baron Louis en 1819, la réforme fut votée à une faible majorité par la Chambre des députés, mais repoussée par les Pairs.

L'idée fut reprise, en 1882, par M. Ribot et, en 1888, par M. Peytral, qui déposa un projet de loi semblable à celui de 1819. La Chambre se montra cette fois encore favorable au projet, mais le Sénat l'écarta, sans vouloir même passer à la discussion des articles. Une tentative nouvelle est faite en ce moment pour obtenir ce changement [1].

Quoique combattue par un certain nombre de financiers éclairés [2], il semble bien que cette modification de la date d'ouverture de l'année financière puisse produire de bons effets. Ainsi en a-t-on jugé d'ailleurs dans la plupart des pays étrangers, puisque la date du 1er avril a été adoptée par la Grande-Bretagne, l'Allemagne et la Prusse; celle du 1er juillet par l'Italie, l'Espagne et les Etats-Unis, pour ne citer que les Etats les plus importants.

Cette première réforme une fois effectuée, on aurait obtenu ce résultat de rendre possible aux préparateurs du budget l'exacte évaluation des recettes et des dépenses. Il semblerait que, dès lors,

[1] Proposition de loi présentée par M. Viviani le 20 décembre 1898.
[2] Notamment MM. Léon Say, Casimir Périer, Jules Roche, baron de Soubeyran, etc.

une autre réforme dût venir compléter la première.

En France, sauf à de très rares exceptions, on a toujours évalué les recettes d'une façon en quelque sorte automatique, en général d'après les résultats de l'antépénultième année. Dans d'autres pays, en Angleterre, par exemple, l'évaluation est si proche de l'exécution qu'il est facile aux ministres d'apprécier directement les probabilités raisonnables de l'exercice futur, d'après l'ensemble des indices ou des faits actuels; il s'ensuit une exactitude dans la réalisation des prévisions budgétaires à laquelle nous sommes loin d'atteindre[1]; à vrai dire, le changement de date de l'ouverture du budget ne serait pas suffisant pour permettre l'adoption de la méthode d'appréciation directe, et il semble qu'on doit « se demander encore si la confiance absolue dans la sincérité et la sagacité des préparateurs du budget, qu'implique cette méthode, correspondra jamais au caractère français[2] ».

Une certaine méfiance est d'ailleurs rendue très légitime, si on songe aux abus qui se sont produits en matière d'évaluation de dépenses. Là, aucune réglementation n'a jamais pu être appliquée. Il a toujours fallu s'en rapporter à la perspicacité et sur-

[1] En 1889-90, un excédent de recettes se produisit, représentant 4 0/0 de l'ensemble, et cela fut trouvé exagéré. En 1893-94, le déficit sur les recettes ne fut que de 1/2 0/0.

[2] Stourm, *Le Budget*, p. 187.

tout à la bonne foi des appréciateurs. Les résultats n'ont pas été heureux ; les réductions opérées sur les crédits évaluatifs ont souvent été un des moyens les plus sûrs d'équilibrer les budgets sur le papier. Il est donc permis, malgré les incontestables avantages du système d'appréciation directe, de se demander si son adoption en matière de recettes constituerait réellement un avantage.

La préparation du budget devrait être terminée au moment où il est déposé sur le bureau de la Chambre et il semble que celle-ci n'ait plus qu'à l'étudier avant de le voter. Il n'en est rien. La Commission du budget remanie complètement le projet, « elle veut se mettre à la place de l'administration et préparer le budget elle-même, au lieu de se contenter de le recevoir tout préparé pour le contrôler. Le président de la Commission du budget est devenu en quelque sorte, le premier lord de la Trésorerie et il a institué pour servir sous lui, comme on dit en Angleterre, un certain nombre de secrétaires d'Etat. [1] » Il y a donc là un empiètement véritable du pouvoir législatif sur l'exécutif ; et il est incontestable que la Chambre modifiant ainsi profondément le projet primitif, le faisant en quelque sorte sien, dégage largement la responsabilité ministérielle.

Ces reproches ne sont pas les seuls qu'on fasse à

[1] Léon Say (*Revue des Deux-Mondes*, 15 janvier 1885).

la Commission du budget telle qu'elle fonctionne en France[1]. L'importance de ses travaux est telle qu'il s'ensuit une perte de temps considérable; elle bouleverse les services des ministères au gré de ses caprices; fait quelques économies, nulles ou inexistantes et des augmentations de dépenses trop réelles; enfin, nommée d'après un système de suffrage mauvais, elle exclut de son sein les personnalités réellement compétentes du parlement.

Voilà bien des inconvénients et il est difficile d'y remédier. On a pensé en supprimer quelques-uns en remplaçant la commission du budget fermée, composée de quelques élus seulement, par une commission ouverte, un comité de la Chambre tout entière, où pourraient figurer tous les députés sans exception[2]. On s'appuie d'ailleurs sur l'exemple de l'Angleterre où ce système fonctionne de façon satisfaisante.

Une partie des inconvénients reprochés avec quelque raison à la commission du budget étant ainsi supprimée, qu'adviendra-t-il des autres, augmentations de dépenses, résistances aux économies réelles, etc., c'est-à-dire de tous les vices attribués à l'initiative parlementaire en matière de finances?

[1] Cucheval-Clarigny (*Revue des Deux-Mondes*), février 1888.
[2] Rapport de M. Georges Graux, au nom de la commission du règlement de la Chambre, déposé aux séances des 23 juin et 12 juillet 1898.

Quelques réserves doivent être faites tout d'abord sur le point même de savoir si l'institution des commissions du budget produit bien ces mauvais effets.

L'opinion des critiques n'est nullement unanime à ce sujet. On cite une série de circonstances où la commission du budget adopta la règle de conduite la plus sage en repoussant toute proposition de dépenses qui ne provenait pas du gouvernement[1]. D'autre part, les chiffres semblent donner tort au moins sur ce point aux détracteurs de la commission du budget. D'un tableau produit par M. Pelletan dans son rapport général sur le budget de 1899, il résulte qu'en comparant le total des budgets de 1889 à 1897, tels qu'ils ont été proposés par le gouvernement, au total de ces mêmes budgets, revisés par la commission, on trouve ce dernier total inférieur au premier de 103.514.923 francs. Ainsi, à supposer qu'il s'agisse là de réductions véritables, et non de dépenses reparaissant en cours d'exercice, sous forme de dépenses supplémentaires, l'action de la commission du budget, c'est-à-dire une forme de l'initiative parlementaire, se serait traduite par des économies.

En définitive, ce qu'on paraît pouvoir conclure des arguments émis dans l'un ou dans l'autre sens,

---

[1] Louis Michon, *L'initiative parlementaire et la réforme du travail législatif*, p. 229.

c'est que si les commissions du budget n'ont pas été toujours à l'abri de tout reproche, il n'est pas certain non plus qu'elles soient très inférieures aux commissions ouvertes qu'on leur propose comme successeurs,

CHAPITRE II

Le vote du Budget.

Si l'action mauvaise du système démocratique n'a pas exercé encore son influence sur le budget lors de la préparation par le gouvernement ou les commissions, tous les critiques sont d'accord pour la signaler aussitôt qu'il s'agit du vote du budget par la Chambre des Députés, et c'est à ce sujet que sont proposées les plus importantes réformes de la législation financière.

Le grief était formulé, en novembre 1882, par M. Léon Say de la façon suivante : « L'ardeur de l'initiative est toujours aussi vivace. Elle est prête à distribuer largement les fonds du Trésor en traitements, en retraites, en subventions, en indemnités. On dirait que le problème que se posent un grand nombre de députés est celui de faire vivre les départements, les communes et ceux qu'on appelait autrefois les citoyens actifs, qui sont aujourd'hui tous les électeurs, aux frais de l'Etat. Il y a une sorte de course aux dépenses, et les députés sont toujours prêts à donner le signal du départ. »

Le mode employé le plus souvent pour donner carrière à ces propositions destructives de l'équilibre budgétaire est l'amendement déposé au cours de la discussion du budget et voté soit immédiatement, soit après un rapport sommaire.

Nous ne voulons parler ici que des amendements tendant à augmenter les dépenses, ce sont d'ailleurs de beaucoup les plus nombreux et les plus favorablement accueillis. Les propositions tendant à inscrire au budget de nouveaux crédits ou à relever des crédits anciens sont tous les ans abondantes ; chaque député cherche à flatter par ce moyen une fraction de sa clientèle électorale. A supposer même que son effort ne réussisse pas, on ne lui sait pas moins gré de l'avoir tenté, et il a gagné un titre nouveau à la reconnaissance de ses électeurs ; en général, il trouve dans l'assemblée un soutien important, celui de tous ceux de ses collègues qui ont des intérêts électoraux analogues aux siens.

Que tous les amendements à la loi budgétaire soient inspirés par des préoccupations de ce genre, ce n'est évidemment pas vrai, et dans beaucoup de cas, ils reposent sur les motifs les plus sérieux, mais il suffit que parfois il en soit autrement pour donner prise aux critiques. On a cru remarquer, d'ailleurs, que les amendements étaient plus nombreux et plus

favorablement accueillis aux approches des élections
générales[1].

Mais à supposer même que les demandes d'augmentations des dépenses soient toujours inspirées
par des motifs sérieux, et qu'elles soient d'une utilité
réelle, elles n'en seraient pas moins encore mauvaises dans leurs effets, d'abord parce que présentées au dernier moment et votées à la hâte après un
rapport sommaire, les dépenses entraînées ne sont
souvent qu'approximativement connues : « Il faut
se tenir en garde, disait M. Krantz[2], contre les en-
traînements et les dépenses mises en germe dans le
vote précipité d'un amendement et se développant
démesurément ensuite. » En second lieu, parce
qu'arrivant trop tard pour qu'il soit possible de
créer des ressources nouvelles pour les couvrir,
ces dépenses votées de cette façon ne tendent qu'à

[1] Exposé des motifs d'un projet de résolution, présenté
par M. Georges Graux, député, à la séance du 23 juin 1898.
« A la fin de chaque législature, le désir de conquérir les voix
d'un certain nombre de citoyens pousse certains députés à
déposer des amendements au budget, qu'on a sévèrement et
justement qualifiés d'amendements électoraux. Le trésor
est mis au pillage. Pour augmenter les traitements de certaines catégories de fonctionnaires, des millions sont prélevés sur l'ensemble des contribuables. On escompte la reconnaissance de ceux qui reçoivent et on spécule sur la résigna-
tion habituelle de ceux qui payent. »

[2] *Rapport au nom de la Commission du budget de l'exercice
1897.*

détruire l'œuvre de l'équilibre budgétaire si difficilement et fragilement édifié par le gouvernement
et la Commission parlementaire.

A ces reproches nombreux on ne peut guère opposer de contre partie, car presque jamais l'urgence
n'est telle qu'on n'ait pu avantageusement attendre
l'année suivante pour inscrire au budget la dépense
proposée. Alors le Ministre et la Commission dûment
prévenus en temps utile auraient eu tout le temps
nécessaire de combiner les recettes et les dépenses
de façon à obtenir un équilibre réel.

Cette question de l'initiative parlementaire en
matière de dépenses présente à n'en pas douter une
importance réelle; elle a attiré, en ces derniers
temps, l'attention de critiques experts, et de nombreux systèmes, tendant à restreindre les prérogatives des députés en matière de finances, sont à
l'ordre du jour.

Plusieurs remèdes ont été proposés; exiger un
certain nombre de signatures pour chaque amendement, limiter la date où ils pourront être déposés,
dire, par exemple, qu'aucun amendement ne pourra
plus être déposé après la clôture de la discussion
générale du budget[1], instituer en cette matière le

[1] Projet de résolution présenté par MM. Boudenoot, Jules
Roche, Caillaux, le 23 juin 1898. L'article 60 du règlement
de la Chambre est ainsi modifié : « Néanmoins après la clôture de la discussion générale du budget, il ne pourra plus

scrutin secret afin de mettre les députés à l'abri de
la vindicte de leurs électeurs[1] ; enfin le plus efficace
de tous est sans doute celui qui consiste à retirer
complètement aux députés le droit de proposer des
augmentations ou des ouvertures de crédit.

Cette dernière réforme a été préconisée par MM.
Léon Say, Deschanel, Jules Roche, Boudenoot et
nombre de parlementaires.

On n'est pas, il est vrai, tout à fait d'accord sur
les moyens à employer pour atteindre le résultat
souhaité. La première formule, la plus absolue est
celle que donne une première proposition de
M. Boudenoot. Elle est ainsi conçue : « Aucun
membre du Parlement ne pourra prendre l'initiative
d'une mesure entraînant de nouvelles charges pour
le budget[2]. »

Mais une grosse difficulté est soulevée dès le premier abord. La constitution ne prévoyant aucune

être présenté d'amendements ou d'articles additionnels ayant
pour but d'augmenter les crédits proposés par la commission
du budget. »

[1] Rapport de M. Georges Graux du 12 juillet 1898. La commission du règlement de la Chambre des députés a été *unanime* pour demander que les scrutins concernant les amendements au budget entraînant une augmentation de dépenses
ou une diminution de recettes soient secrets. Le moyen
employé consiste simplement à ne pas faire paraître les
noms des votants à l'*Officiel*.

[2] Louis Michon, *Initiative parlementaire*, p. 306.

restriction aux principes de la libre initiative parlementaire, il semble difficile d'en apporter par une simple loi postérieure. M. Boudenoot se rendit à ces objections et crut rendre sa proposition parfaitement correcte au point de vue constitutionnel en modifiant ainsi son texte : « Aucune motion tendant à imposer une nouvelle charge au budget ne sera examinée que si elle est appuyée par le gouvernement[1]. »

En réalité, les difficultés au point de vue constitutionnel restent les mêmes, elles sont peut-être même accrues en ce que le projet « restreint l'initiative parlementaire en la soumettant en quelque sorte au contrôle du gouvernement[2] ».

M. Boudenoot lui-même et M. Graux, président de la Commission du règlement, ont alors imaginé de faire de cette proposition non un article de loi, mais un article du règlement de la Chambre, et de modifier comme suit l'article 55 de ce règlement : « Aucune motion, tendant à imposer une charge nouvelle au budget, ne sera examinée que si elle est appuyée par le gouvernement. » Enfin un autre texte encore plus explicite a été proposé tout récemment pour le même article : « Les propositions de

[1] Proposition de loi présentée par M. Boudenoot, député, le 11 février 1896.

[2] Proposition de modification aux règlements présentée par M. Boudenoot, député, le 23 juin 1898.

loi et les amendements faits par un ou plusieurs
députés ne sont pas pris en considération lorsqu'ils
sont de nature à augmenter les crédits budgétaires
ou la dette publique ou à diminuer le domaine
national [1].

Même réduite à un article de règlement, la proposition suscite encore des critiques, non seulement
au point de vue pratique mais au point de vue purement théorique, car il est douteux qu'une assemblée
puisse s'interdire par voie de règlement ce que lui
permet la constitution.

Telle est la solution proposée pour mettre fin à
un abus qui n'est pas niable, l'augmentation des
dépenses sous la pression des instincts démocratiques. En sa faveur on fait valoir l'exemple des
pays où des dispositions analogues sont en vigueur.
En Angleterre un article du règlement décide que [2] :
« La Chambre ne recevra aucune pétition pour
aucune somme relative aux services publics, on
n'examinera aucune motion tendant à voter un sub-
side ou une charge sur les revenus publics, qu'elle
soit payée sur les fonds consolidés ou sur ceux que
le parlement doit fournir, si ce n'est sur la recom-

[1] Projet de résolution, tendant à réglementer l'initiative
des députés en matière de dépenses, présenté par M. le
comte d'Agoult, député, le 9 mars 1899.
[2] *Standing Order*, du 20 mars 1866, renouvelant une
ancienne prescription de 1706.

mandation de la Couronne [1]. » Cette règle, fait observer M. Gladstone, « ne repose sur aucune loi, elle ne
résulte elle-même pas du respect de la prérogative
royale, c'est la Chambre des communes qui se l'est
imposée à elle-même [2] ». Elle a pourtant été fidè-
lement observée depuis 200 ans.

Des dispositions du même genre sont contenues
dans la constitution de quelques autres pays, notamment de plusieurs colonies anglaises [3], de la Grèce et
du Wurtemberg. L'article 172 § 1 de la constitution
du Wurtemberg est particulièrement absolu : « Les
projets de lois, relatifs à la création d'un impôt, à
l'adoption d'un emprunt, à la fixation du budget, ou
à des dépenses non prévues au budget, ne peuvent
émaner que de l'initiative du roi seul. Aucun article
de dépenses ne peut être élevé au delà de l'évaluation faite par le gouvernement [4]. »

[1] *Histoire constitutionnelle de l'Angleterre*, par sir Erskine May, p. 604.
[2] *Church of England, Quarterly review*, janvier 1877.
[3] Voici le texte pour l'Amérique Anglaise du Nord :
(30-31, Vict. chap. 3, sect. 4). « Il ne sera pas conforme à la loi que la Chambre des communes adopte ou vote une réso-lution, adresse ou bill pour l'affectation d'une part quelconque des ressources publiques, ou d'une taxe ou impôt quelconque, à un emploi qui n'ait pas fait préalablement l'objet d'un mes-sage adressé à cette Chambre par le Gouverneur général, dans la session dans laquelle ce vote, cette résolution, cette adresse ou ce bill aurait été proposé. »
[4] Dareste, *Les constitutions modernes*, 2e édit., 1891,-I, p. 277.

Soutenue par d'aussi puissants exemples et présentée par d'aussi excellents financiers, cette réforme de notre constitution et du règlement de nos chambres se présente donc sous un aspect favorable, et il est à souhaiter qu'elle soit adoptée quelque jour.

Il ne faudrait pas pourtant s'exagérer la portée de cette réforme, car il semble, comme le dit M. Paul Leroy-Beaulieu[1], que « si ce remède devait avoir une certaine efficacité, il ne faut pas se dissimuler qu'il ne serait pas suffisant. On aurait pu en l'adoptant éviter le gonflement du budget dans la proportion de quelques dizaines de millions, mettons 60 ou 70 millions, depuis 20 ans, mais c'est de plusieurs centaines de millions qu'il s'est accru à l'excès ».

Cette appréciation semble justifiée par les chiffres ; en effet si on s'en rapporte à un tableau publié par M. Pelletan dans son rapport sur le budget de 1899, on constate que l'initiative des députés n'a occasionné en 9 années que 20 millions 1/2 d'augmentation de dépenses, compensées par 2 millions de réductions, soit 18 millions nets environ.

[1] *Economiste français* du 25 février 1899.

Année	PROJETS du Gouvernement	PROJETS de la Commission	MODIFICATIONS provenant		CHIFFRES votés	CHIFFRES DÉFINITIFS Dépenses imputables sur ressources ordinaires
			de l'initiative parlementaire	de propositions nouvelles du gouvernement et de la commission		
1889	3.001.362.416	3.001.827.271	+ 2.555.076	— 2.407.522	3.011.974.825	3.004.087.428
1890	3.036.588.633	3.048.278.778	— 2.211.500	46.404	3.046.020.874	3.074.208.706
1891	3.213.879.053	3.176.609.758	+ 3.070.963	—14.799.172	3.164.881.549	3.206.792.843
1892	3.234.664.127	3.234.295.860	+ 1.306.050	+15.922.164	3.251.524.074	3.331.406.800
1893	3.368.676.269	3.353.927.721	+ 4.544.329	— 1.274.918	3.357.197.132	3.403.701.765
1894	3.437.251.104	3.438.251.469	+ 1.547.654	779.000	3.439.020.623	3.448.112.146
1895	3.432.377.289	3.423.890.393	+ 1.926.404	— 1.809.061	3.424.008.036	3.407.487.523
1896	3.445.365.471	3.391.003.643	+ 1.243.288	+ 1.342.400	3.393.189.081	3.413.550.369
1897	3.387.173.647	3.385.137.643	+ 4.427.747	— 4.169.906	3.385.367.484	3.482.403.975
	29.557.338.009	29.453.222.536	+20.621.511	—25.285.983	29.473.183.678	29.771.751.555
	29.453.222.536		— 2.211.500	+17.264.564	29.567.338.009	29.473.183.678
	104.115.473		+18.410.011	— 8.021.419	94.154.331	298.567.877

Encore M. Pelletan pense-t-il qu'il y a quelques rectifications à faire dans ces imputations et il croit pouvoir ramener l'évaluation à 14 millions nets. « Nous n'ignorons pas, dit-il, que ce résultat surprendra beaucoup de gens, et nous ne croyions pas nous-mêmes y aboutir en commençant notre examen, mais les faits sont là. »

Il y a peut-être dans ces chiffres quelques exagérations, il se peut notamment que les réductions de dépenses dont est créditée l'initiative parlementaire soient plus apparentes que réelles ; mais même en adoptant le chiffre de 18.410.511 francs pour 9 années, on arriverait à un total d'une quarantaine de millions en 20 ans. Et si on tient compte de ce fait que quelques années ont été marquées par des augmentations sensiblement plus fortes que celles citées par M. Pelletan, notamment l'exercice 1883 où un seul amendement présenté par M. Philippotaux et appuyé par 144 signatures, occasionna un supplément de dépenses de 14 millions [1], et l'exercice 1898 où la dernière Chambre à la veille des élections éleva les dépenses de plus de 35 millions [2], on arrive à considérer comme très modérée l'évaluation de M. Leroy-Beaulieu qui parle de 60 ou 70 millions d'accroissements en 20 ans.

[1] *Revue des Deux-Mondes*, février 1888, p. 551.
[2] Louis Michon, *op. cit.*, p. 228.

Ainsi cette disposition enlevant aux députés l'initiative en matière de dépenses ne produirait que des effets relativement peu importants quant aux chiffres sur lesquels elle porterait ; en outre, il est permis de croire que même pour cette fraction de dépenses elle serait insuffisante.

L'exemple de l'Angleterre est concluant à cet égard. La règle toujours officiellement existante subit aujourd'hui d'assez graves atteintes, par des moyens plus ou moins détournés[1]. Les communes, par exemple, votent une adresse, une résolution impliquant pour le gouvernement l'obligation morale de demander ultérieurement des suppléments de crédits ; ou bien les membres du parlement par leurs sollicitations individuelles provoquent de la part des ministres la présentation de certains projets de dépenses ; enfin des campagnes de presse habilement menées obligent le gouvernement à céder sous la pression de l'opinion publique. Les plaintes répétées du Chancelier de l'Echiquier montrent clairement l'importance de ces empiétements.

Ce qui paraît certain, en définitive, c'est qu'une restriction à l'initiative parlementaire introduite, soit dans la Constitution française, soit dans le règlement de la Chambre, n'aurait pas toute l'effi-

[1] Stourm, *Le Budget*, p. 55.

cacité que quelques personnes lui attribuent. Cependant, si faibles que soient les résultats obtenus, ils ne seraient encore nullement négligeables, et à supposer même que cette règle ne produisit pas d'autre effet que d'empêcher le bouleversement des budgets et la rupture de leur équilibre par des demandes de crédits inattendues et, en général, mal étudiées, ce serait encore un mérite suffisant pour imposer l'adoption de cette réforme.

CHAPITRE III

L'exécution du budget.

C'est à coup sûr du côté de la préparation et du vote du budget que doit surtout se porter l'attention du législateur, car l'établissement d'un budget dans des conditions d'équilibre raisonnables est le meilleur moyen à employer pour obtenir une bonne exécution et, notamment, pour s'opposer à l'envahissement des crédits additionnels.

C'est dans l'excellence des méthodes de préparation plus que dans toute autre cause qu'il faut chercher la raison de la faiblesse de ces crédits en Angleterre. Jamais ils n'y ont atteint des chiffres comparables à ceux de la France, et depuis quelques années, ils sont plus que compensés par des annulations de crédits[1]. En France, au contraire, les

---

[1] D'un tableau inséré dans la *Science des finances* de M. Leroy-Beaulieu, p. 104 et 105, il résulte que la moyenne du dépassement des évaluations par les dépenses réelles de l'État a été, pour la Grande-Bretagne, de 79 millions et, pour la France, de 200 millions depuis 1878.

crédits additionnels ont été, à toutes les époques, un des vices fondamentaux du système budgétaire et l'occasion de nombreux accroissements de dépenses, comme nous l'avons exposé plus haut. Or, si les budgets sont sagement préparés et votés en équilibre, il ne reste qu'une seule chance d'introduction des crédits supplémentaires, les lois entraînant des dépenses votées en cours d'exercice.

Ces lois, excusables quand elles sont d'une urgence absolue, sont, dans tous les autres cas, absolument condamnables, parce qu'elles présentent et, au plus haut point, tous les inconvénients reprochés aux amendements budgétaires, c'est-à-dire d'être votées sans ressources correspondantes, et de ne tenir qu'un compte insuffisant et inexact des charges entraînées pour le budget. Elles sont même plus dangereuses que les amendements, parce qu'elles se présentent successivement et qu'elles frappent moins vivement l'esprit qu'une série d'augmentations de dépenses présentées en un seul bloc.

Cet abus des dépenses votées hors budget a été fréquemment signalé par les ministres des finances, par M. Tirard, M. Léon Say, et enfin par M. Rouvier, qui disait à ce sujet [1] : « Au premier rang des causes d'aggravation des dépenses publiques, il faut citer la facilité avec laquelle trop souvent des lois sont

---

[1] *Exposé des motifs du budget de 1892.*

votées, qui, sans la moindre ressource correspondante, rendent inévitables des charges nouvelles.

Le gouvernement ne peut que les enregistrer
quand la répercussion s'en fait sentir sur le budget.
C'est au moment où la dépense prend naissance
que, sauf de rares exceptions, il conviendrait d'assurer à l'État un surcroît équivalent de ressources.
Aussi les critiques étant unanimes à reconnaître la
gravité du mal, on s'est efforcé d'employer tous les
moyens possibles pour le combattre. Pour con-
traindre les Chambres à voter, en même temps que
les lois entraînant les dépenses, des ressources équi-
valentes, la loi du 18 juillet 1836 disposa que « toute
demande de crédits indiquera les voies et moyens
affectés aux crédits demandés », et la loi du 16 mai
1851 reprit cette prescription. Cette sage disposition
ne produisit pas l'effet attendu, et on n'obtint d'autre
résultat que de faire ajouter aux lois la formule :
« Il sera pourvu à la dépense au moyen des ressources de la dette flottante. »

Illusoires aussi furent les moyens édictés par la
loi du 18 novembre 1849 qui prescrivit l'affichage
dans les bureaux de la Chambre d'un tableau des
crédits votés en cours d'exercice, et par la loi du
12 août 1876, qui ordonna de ne présenter les
demandes de crédits qu'une fois par mois.

Enfin, les virements de crédits et les budgets
rectificatifs, employés un moment comme un re-

mède [1], furent bientôt abandonnés comme plus nuisibles qu'utiles.

Il semble bien qu'en fait de réglementation on ait atteint sur ce point le summum de perfection; ce qui le prouve c'est que pendant plusieurs années, notamment de 1887 à 1890, les crédits additionnels furent réduits à un chiffre très raisonnable et plus que compensés par les annulations [2]. Si le mal a reparu depuis, on ne peut que l'attribuer à la mauvaise préparation du budget et à l'insouciance du législateur votant des dépenses nouvelles en cours d'exercice.

La bonne exécution du budget tel qu'il a été voté est pratiquement assurée en France par l'ensemble de l'organisation existante; et il n'y a guère de points sur lesquels on puisse proposer de réaliser des économies en empêchant soit des gaspillages, soit des malversations. Un point cependant paraît relativement faible et on a proposé d'apporter quelques modifications à la règle en vigueur.

[1] Stourm, *Le Budget*, pages 337 et suivantes.

[2]

	Crédits additionnels	Annulations
1887	58 millions	62 millions
1888	92 »	100 »
1889	76 »	88 »
1890	86 »	97 »

(Stourm, *Le Budget*, p. 370).

Il s'agit de l'engagement des dépenses par les ordonnateurs supérieurs, par les ministres. Il arrive que, des crédits ayant été inscrits au budget, le ministre engage des dépenses pour une somme supérieure ; ou bien que le ministre engage des dépenses sans qu'aucun crédit ait été voté.

Le fait peut se produire par simple inadvertance de la part du ministre, ou bien peut être volontaire. En tous cas, le résultat est le même.

Pour éclairer le ministre et l'avertir quand il commet un dépassement de crédit, une loi du 26 décembre 1890 décide que : « dans chaque ministère il sera tenu une comptabilité des dépenses engagées. Les résultats en seront fournis mensuellement à la direction générale de la comptabilité publique. » (art. 59.) Malheureusement les engagements de dépenses ne sont pas toujours faciles à saisir, ni surtout à chiffrer exactement, aussi « cette comptabilité ne donnera que des évaluations plus ou moins approximatives[1] ».

Si pourtant, en fait et pour une raison quelconque, il se produit un dépassement de crédit, quelle est la sanction ? « Toute dépense non créditée sera laissée à la charge personnelle du ministre contrevenant[2]. »

Cette sanction si nette en apparence, la responsa-

[1] *Préambule officiel du décret du 14 mars 1893.*
[2] Loi du 15 mai 1850, article 9.

bilité personnelle du ministre n'existe pas en fait, jamais on n'a pu l'appliquer, et il est vraisemblable que les nouveaux projets présentés à ce sujet ont peu de chance de réussir.

L'effort du législateur doit donc se porter d'un autre côté et instituer un contrôle préventif qui empêche l'engagement de dépenses sans crédit.

Les systèmes proposés sont extrêmement nombreux. On a demandé que tous les engagements de dépenses soient soumis à une commission législative spéciale[1] ; on s'autorise de l'exemple des assemblées de la Révolution, et on pense « que le vote du budget est un leurre, si la Chambre se désintéresse de son exécution ». Mais ce système constitue un empiétement trop évident du pouvoir législatif sur l'exécutif.

Aussi, un autre programme[2] propose-t-il seulement de surveiller l'exécution du budget sans intervenir directement, au moyen d'une commission parlementaire déjà existante, la commission du budget. Là encore, il semble difficile d'éviter quelques atteintes à la règle de la séparation des pouvoirs.

D'autres projets veulent constituer au sein de chaque ministère une commission de contrôle, composée de fonctionnaires, d'inspecteurs des finances,

[1] Proposition de M. Brisson, reprise par M. Rivière, le 18 novembre 1882.
[2] Rapport de M. Gaston Bozerian, 14 mai 1895.

par exemple, et chargée de viser toutes les pièces emportant dépenses[1]; ou bien « instituer au Ministère des finances une direction générale du contrôle des dépenses publiques, ayant pour mission de vérifier le motif légal et la justification de chaque dépense, de s'assurer qu'aucune loi n'a été violée et que la somme à payer n'excède pas les ressources du budget et a été imputée régulièrement[2].

Enfin on pourrait imiter l'exemple de quelques pays voisins, notamment l'Italie et la Belgique, et confier à la Cour des Comptes le contrôle préventif des dépenses. Soit que, comme en décide la loi belge, du 27 octobre 1846 (art. 14), on soumette seulement au visa de la Cour les ordonnances de payement; soit que comme en Italie on exige le contrôle de la Cour pour l'engagement même des dépenses[3].

L'adoption d'un quelconque de ces systèmes produirait sans doute sur les finances françaises un heureux résultat. Il est difficile de chiffrer exactement l'importance des dépassements de crédit qui se produisent, car tantôt ils se présentent à la

---

[1] Proposition de loi présentée par M. Pradon, député, le 17 mai 1888, rapport favorable à la commission d'initiative, 10 juillet 1888.

[2] Proposition de loi présentée par MM. A. Proust et Gotteron, le 10 mai 1890.

[3] Articles 46 et 47 de la loi du 17 février 1884.

Chambre sous forme de crédits supplémentaires, tantôt sous forme de crédits complémentaires, ou de demandes de crédits sur exercice clos; mais les plaintes répétées des Commissions parlementaires montrent clairement que le mal n'est pas sans importance, et qu'il s'agit d'une sérieuse lacune de notre administration budgétaire.

———

CHAPITRE IV

Contrôle.

Moins graves encore sont les abus auxquels peut donner lieu l'insuffisance des contrôles des budgets, et moins importantes par suite les économies que l'on pourrait réaliser par le perfectionnement des règles existantes.

L'ensemble des dispositions prises successivement depuis le commencement de ce siècle, depuis la Restauration notamment, rend presque impossibles les erreurs ou les dilapidations et en tous cas amène promptement leur découverte. Il existe cependant encore quelques points que l'on s'accorde à considérer comme les plus faibles de l'ensemble du système.

Les éléments du contrôle sont triples : administratif, judiciaire et législatif.

Le contrôle administratif n'existe qu'à l'égard des comptables et il se compose[1] : 1º de transmissions périodiques d'états de situation et de pièces justifi-

---

[1] Stourm, *Le budget*, p. 555.

catives de recettes et de dépenses ; 2º de vérifications
sur place par les supérieurs hiérarchiques ; 3º de
vérifications inopinées par l'inspection générale des
finances.

C'est au sujet de ce dernier élément de contrôle
que l'on a constaté une insuffisance. Le matériel de
l'Etat, qui comprend entre autres fractions importantes, tout le matériel de la guerre et de la marine,
n'est pas soumis au contrôle de l'inspection des
finances, qui jamais n'a vérifié les existences en
magasin. Il semble qu'il y ait là une lacune à combler.

Le contrôle judiciaire est exercé à l'égard des
comptables de deniers par la Cour des Comptes, qui
leur donne *quitus* ou les déclare en avance ou en
débet. Dans ce dernier cas, la Cour inflige aux cou-
pables des amendes. Or, le ministre des finances
s'arroge le droit de faire remise aux comptables des
amendes ainsi infligées et fait largement usage de ce
droit. Outre qu'il n'est nullement prouvé que ce
droit existe, et la Cour soutient que, seul, le Président de la République pourrait l'exercer[1], il est
évident qu'il y a là une réforme à introduire, si on
ne veut pas enlever toute autorité au contrôle de la
Cour des Comptes.

D'autres insuffisances sont relevées annuellement

[1] Rapport de M. Boulanger, premier président de la Cour
des Comptes, juillet 1898.

dans les rapports de la Cour quant au contrôle exercé sur les comptabilités coloniales ou des pays de protectorat, et sur les comptes des travaux de chemins de fer ou de certains services subventionnés par l'Etat ; mais ce ne sont là que des réformes de détail [1].

Les réclamations sont plus vives en ce qui concerne le contrôle des comptes de matières. Ceux-ci qui ont échappé déjà au contrôle de l'inspection générale des finances ne sont, de la part de la Cour, l'objet d'aucune vérification sérieuse, et cela toujours pour un motif semblable ; on soumet à la Cour des écritures sur lesquelles elle donne un avis, mais sans qu'il lui soit possible de vérifier les existences en magasin. Aussi, croit-on que cette partie de la comptabilité publique recèle de graves irrégularités, ou, au moins, un désordre regrettable. Une double réforme s'imposerait : vérification des existences en magasin, par les soins de l'inspection des finances ou de la Cour des Comptes, et jugement par celle-ci des comptables matières dans les mêmes formes que les comptables en deniers.

Mais il est un point sur lequel le système français est absolument insuffisant, c'est en ce qui concerne le contrôle des ordonnateurs. Le contrôle administratif n'existe que pour les ordonnateurs secondaires, les

[1] Rapport de M. Boulanger, *op. cit.*

ordonnateurs principaux, c'est-à-dire les ministres eux-mêmes, en étant forcément affranchis. Quant au contrôle judiciaire, il est totalement absent, la Cour des Comptes ne pouvant, en aucun cas, s'attribuer de juridiction sur les ordonnateurs (loi du 16 septembre 1807), et devant se borner à signaler les erreurs et les irrégularités qu'elle découvre. Il reste donc uniquement, en ce qui concerne les ministres, le contrôle législatif.

Les éléments de celui-ci sont fournis par les ministres eux-mêmes sous forme de divers comptes, dont le plus important est le compte général de l'administration des finances.

Une Commission de vérification des comptes des ministres[1] procède à un premier examen sur place, et vérifie si les résultats présentés par les comptes ministériels sont l'expression exacte des faits accomplis. La Cour des Comptes ensuite, au cours de l'examen des dépenses, relève les irrégularités commises par les ordonnateurs, et elle les signale dans son rapport annuel au chef de l'Etat.

Les comptes des ministres, ainsi éclairés par les travaux de la Commission spéciale et de la Cour des Comptes, sont alors soumis au contrôle législa-

[1] Instituée par l'ordonnance du 10 décembre 1823, composée de 9 membres choisis par le chef de l'Etat, au sein du Sénat, de la Chambre, du Conseil d'Etat et de la Cour des Comptes.

tif, qui a lieu lors du vote de la loi de règlement définitif du budget. C'est à ce moment que se font sentir les vices très graves de l'organisation actuelle.

Outre que l'on n'a jamais pu se mettre d'accord pour obtenir de façon quelconque une responsabilité ministérielle effective, il est de fait que le Parlement n'attache qu'une importance insuffisante à ses prérogatives en cette matière. Les lois de règlement sont votées à la hâte, au milieu de l'indifférence générale sans qu'aucune observation soit faite, sans qu'aucun orateur demande la parole. Ainsi les lois portant règlement définitif des budgets de 1871, 1872, 1873, 1874 sont votées sans discussion en une seule séance à la Chambre le 23 mars 1884 et au Sénat le 9 juillet 1885 ; celles de 1876, 1877, 1878 et 1879 sont votées dans les mêmes conditions, par la Chambre le 25 mars 1889. La situation n'a pas changé dans les dernières années et c'est au milieu d'un silence parfait, qu'aucune observation n'est venu troubler, que la Chambre a voté à la séance du 29 juin 1899 le règlement définitif des budgets des exercices 1889 et 1890.

Le manque d'efficacité du système tient à ce que non seulement les membres du Parlement ne semblent pas se soucier d'exercer activement leur contrôle, mais encore à ce fait qu'ils ne pourraient le faire utilement huit ou dix ans après la clôture de l'exercice : « Pendant cet intervalle les ministres se

sont succédé, les Chambres se sont en partie renou-
velées, le souvenir des faits financiers antérieurs est
allé en s'affaiblissant et le contrôle législatif, exercé
sur une gestion aussi ancienne, ressemble autant
à une recherche d'érudition qu'à une surveillance
effective de l'emploi des crédits ouverts par le parlement[1]. » « Mettre huit ou dix ans entre la clôture
d'un exercice et son règlement définitif c'est trans-
former ce règlement en une vaine formalité ; à pa-
reille distance des faits accomplis, les responsabilités
se sont évanouies, entraînées par le courant des faits
contemporains ; l'opinion publique, de laquelle tout
relève dans un régime de démocratie, ne porte plus
qu'une attention distraite sur des événements financiers, des erreurs ou des abus qui sont vieux de dix ans.
Le vote de la loi de règlement se perd au milieu de
l'indifférence générale[2]. »

La situation actuelle est fâcheuse, car l'importance
du contrôle législatif pourrait être relativement
considérable s'il était exercé utilement. En effet, le
montant des dépenses sans crédits, relevé pendant
ces dix dernières années par la Cour, n'est pas inférieur à 35.120.750 francs. Aussi serait-il à souhaiter
qu'à défaut de règle précise, venant sanctionner

[1] Rapport de M. Marquis, sénateur, sur le règlement de
l'exercice 1875, 14 juin 1887.
[2] Rapport de M. Boulanger, premier président de la Cour
des Comptes, mai 1899.

pécuniairement la responsabilité des ordonnateurs, au moins le contrôle fût exercé en temps utile, pour conserver quelque valeur au point de vue politique.

Un ensemble de réformes dans notre législation budgétaire serait donc susceptible de procurer des économies notables et surtout d'empêcher de nouveaux accroissements inutiles des dépenses publiques. Non pas que les réformes ainsi accomplies soient productives d'économies par elles-mêmes, mais parce qu'elles serviraient de soutien à cet esprit de bonne administration, de sagesse, qui à coup sûr existe chez beaucoup de ceux qui ont la gestion des deniers publics, mais qui souvent et surtout chez les législateurs manquent de fermeté et de décision pour se manifester. Il est certain cependant que les réformes de législation ne suffiraient pas à elles seules à procurer de bonnes finances à un Etat, ce sont là seulement des points secondaires. « Un peuple composé de citoyens actifs, libres, rompus aux affaires publiques, fera d'excellente besogne avec une constitution médiocre ; une race affaiblie n'obtiendra rien de bon avec le texte constitutionnel le plus complet, le plus ingénieux, le plus parfait en théorie [1]. » Ce qu'il faut obtenir par conséquent : « c'est le relèvement du citoyen et la forma-

[1] Léon Poinsard, *Vers la ruine*, p. 444.

tion d'une opinion publique éclairée, agissante, irrésistible [1] ».

On ne peut qu'approuver ces idées, et applaudir
aux efforts tentés pour éclairer l'opinion publique
et faire son éducation, et souhaiter que cette œuvre
s'accomplisse. Ce sont là, malheureusement, des
entreprises de longue haleine et d'une réussite assez
aléatoire, elles ne dispensent pas d'employer d'autres
remèdes, à coup sûr moins importants dans leurs
conséquences, mais qui, du moins, peuvent produire
immédiatement des effets utiles.

[1] Léon Poinsard, *op. cit.* p. 447.

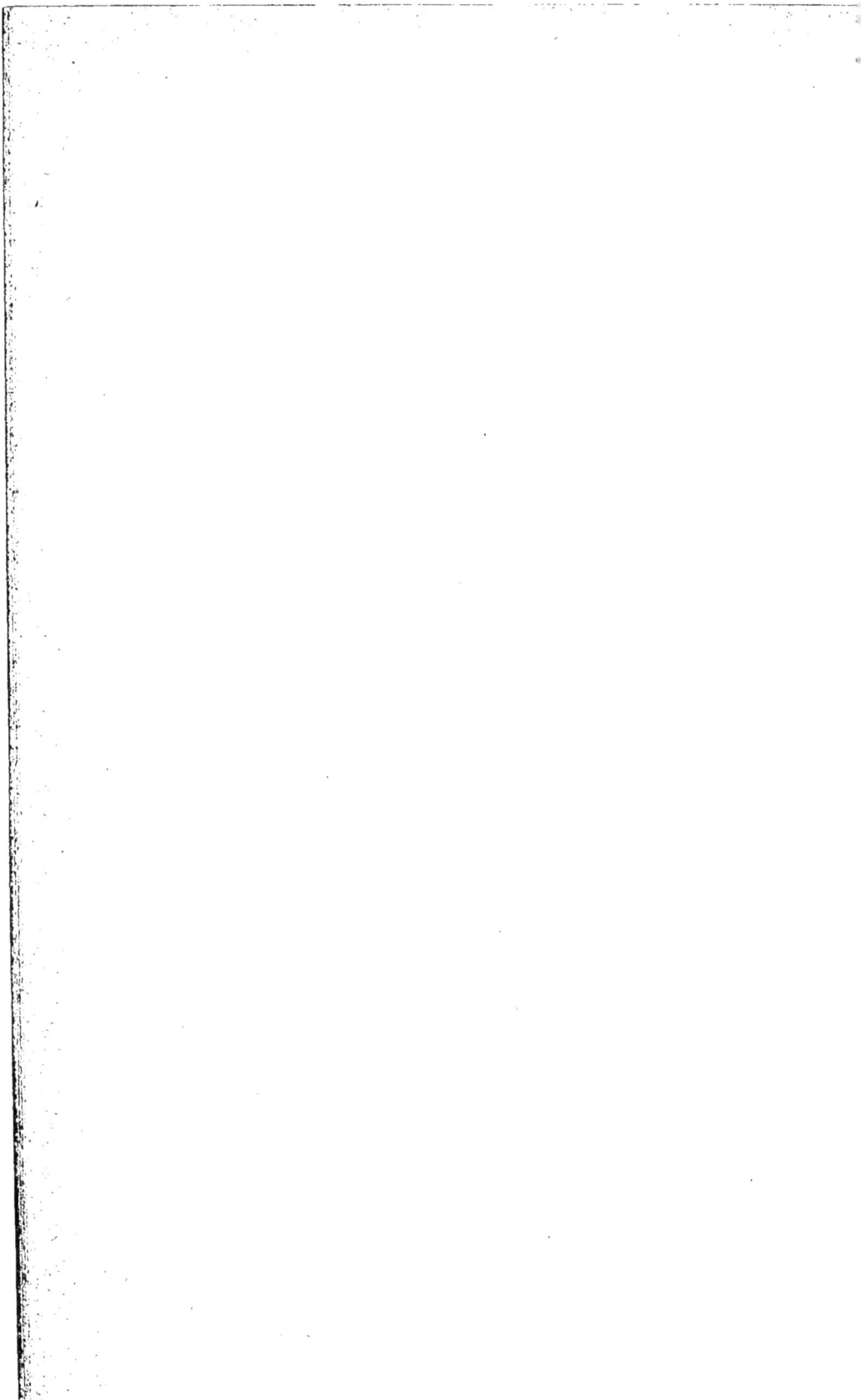

CONCLUSION

Si les chiffres établissent au sens absolu la progression des budgets d'État au courant de ce siècle, il serait intéressant de savoir s'il y a eu accroissement relativement à la fortune publique des différentes nations, et si les budgets actuels prélèvent une portion plus forte du revenu national que leurs prédécesseurs du commencement du siècle.

Il est malheureusement impossible d'arriver à des conclusions très précises sur ce point; d'abord, parce qu'un des éléments de comparaison, la fortune publique, est incomplètement connu et qu'on ne peut l'évaluer que très approximativement; ensuite, parce que l'autre élément, le budget lui-même, a subi, comme nous l'avons vu, des transformations telles que la comparaison est difficile à deux époques différentes. Il faut donc opérer avec une certaine prudence et faire les corrections nécessaires pour rendre les chiffres comparables entre eux.

Plusieurs méthodes ont été employées pour

arriver à établir une comparaison entre les charges du budget et la fortune nationale. La plus ancienne fut celle de M. P. Leroy-Beaulieu[1], qui évaluait directement la fortune publique en 1789 et en 1876 et concluait que ce dernier budget « ne demandait pas une plus forte part des revenus des citoyens que ne le faisait le budget de Necker en 1789 », et seulement une part légèrement plus élevée que le budget de 1847.

Il est remarquable que ces résultats obtenus par la méthode d'appréciation directe ont été depuis confirmés par des travaux basés sur des chiffres et des documents officiels.

M. Léon Say[2], ministre des finances, fut le premier qui eut l'idée de comparer les chiffres du budget avec les déclarations faites chaque année pour les droits de succession. Sa méthode a été suivie depuis, avec de légers perfectionnements, par plusieurs auteurs, notamment par MM. Pelletan et Leroy-Beaulieu, et c'est par elle que l'on doit arriver à des résultats aussi proches que possible de la vérité.

Pour la détermination du premier facteur, la fortune publique, on a pris le montant des sommes déclarées chaque jour pour les droits de succession; la durée de la vie moyenne ayant peu changé au

[1] *Science des finances*, II, p. 185.
[2] Discours du 8 décembre 1876.

courant du siècle, on peut supposer que la richesse
nationale a suivi des mouvements très analogues au
chiffre des déclarations annuelles.

Quelques corrections et observations ne sont pourtant pas inutiles. Il serait bon d'ajouter aux successions le montant des donations entre vifs. La richesse
en effet, comme le fait observer M. de Foville [1], peut
suivre ces deux voies différentes, pour s'écouler de
génération en génération. Les avancements d'hoiries,
les dots, ne sont visiblement que des successions
anticipées, et c'est là ce qui forme l'immense majorité des donations entre vifs [2]. Celles-ci ne sont par
conséquent « qu'une dérivation du courant mor-
tuaire » et doivent y être ramenées aussitôt que l'on
cherche à évaluer l'annuité successorale.

Cette première précaution prise, et après que l'on
a totalisé à deux époques les successions et les donations taxées, il ne s'ensuit pas que l'on ait des
chiffres exactement comparables.

Quelques circonstances tendent à faire paraître
les sommes actuellement déclarées, inférieures à ce
qu'elles auraient été au début du siècle. D'abord,
les valeurs mobilières sont aujourd'hui beaucoup
plus nombreuses. Or, les titres au porteur se prêtent
plus facilement à dissimulation. Il est donc très

---

[1] *Economiste français*, du 10 juin 1899.
[2] *Bulletin de statistique du ministère des finances*, avril 1899,
p. 343.

vraisemblable que les fraudes successorales et les
dons manuels, bref toutes ces transmissions qui
échappent aux observations fiscales sont aujourd'hui
dans une proportion plus forte qu'au commencement du siècle.

Ce qui contribuerait d'ailleurs à rendre les déclarations encore moins sincères, c'est que les droits
perçus ont été un peu relevés depuis 1871, par suite
du remaniement des droits de timbre et de quelques
taxes d'enregistrement. L'élévation, sans doute, est
très faible, mais enfin elle pousserait plutôt à la
dissimulation.

Enfin les chiffres ont une tendance à être moins
élevés aujourd'hui, parce que la durée moyenne de
vie a légèrement augmenté, de deux ans environ au
courant de ce siècle, et que par suite les mutations
de propriété sont un peu moins fréquentes.

A ces trois causes de baisse viennent s'opposer
diverses autres modifications survenues plus ou
moins récemment et qui contribuent à grossir au
contraire les chiffres actuellement soumis aux cons-
tatations.

D'abord la loi française n'admet pas dans une
succession la déduction du passif et fait porter les
droits sur l'actif brut du défunt. Or il est vraisemblable que la spéculation étant de nos jours plus
répandue, il y a un plus grand nombre de fortunes
endettées.

En outre, une série de lois sont venues soumettre aux droits des valeurs autrefois indemnes. C'est ainsi que la loi du 18 mai 1850 a frappé les fonds publics français ou étrangers et les actions étrangères, tous titres auparavant non taxés, et que la loi du 13 mai 1863 a pris des mesures analogues vis-à-vis des obligations étrangères.

La première de ces lois a grossi l'annuité successorale de 1850 de 86 millions. Le contingent de la seconde fut en 1864 de près de 100 millions.

Enfin les revenus restant stationnaires, un changement s'est produit dans le mode de capitalisation des immeubles ruraux d'une part et des revenus mobiliers de l'autre.

Une loi du 21 juin 1875, dite loi Wolowski, décide que les immeubles ruraux seront désormais évalués pour le calcul des droits à percevoir à 25 fois leur valeur locative au lieu de 20 fois. Quant aux valeurs mobilières, celles qui autrefois se capitalisaient à 5 et même 6 0/0, elles sont aujourd'hui revenues à 3 1/2.

L'augmentation survenue de ce chef dans les valeurs déclarées aux mutations sera donc factice, puisqu'il n'y aura pas, en réalité, augmentation de l'ensemble des moyens de production ou de jouissance, c'est-à-dire de la richesse réelle de la nation.

On peut ajouter encore que [1] « parmi les valeurs

---

[1] Leroy-Beaulieu, *Science des finances*, p. 188.

successorales figurent un certain nombre de titres qui, au point de vue social, sont des valeurs mortes ou du moins négatives et ne représentent aucune portion réelle de la richesse publique, comme les titres des dettes nationales, départementales et communales ». Or, ces titres se sont beaucoup multipliés depuis le début du siècle et forment certainement aujourd'hui, toute proportion gardée, une part plus importante de l'ensemble des richesses soumises aux droits [1].

Quelle est, d'une façon absolue, l'action exercée par ces diverses causes antagonistes ? la fortune nationale est-elle plus ou moins exagérée par les évaluations officielles aujourd'hui qu'autrefois ?

Voilà des questions qu'il est difficile de résoudre avec certitude. Il est permis seulement de penser que l'écart n'est pas très considérable, mais qu'il tendrait à faire paraître la progression un peu plus rapide qu'elle n'est en réalité.

L'incertitude où on se trouve suffit, en tous cas, pour obliger à une grande prudence dans les con-

[1] Cette part est moins considérable pourtant que ne pourrait le faire croire le chiffre absolu des dettes nationale, départementale et communale, car ces titres ont une tendance à s'accumuler dans les portefeuilles des établissements impersonnels, caisses d'épargnes, sociétés, banques, etc. Et M. de Foville estime que la fraction qui est entre les mains du public ne dépasse pas 13 1/2 milliards de francs. (*Dictionnaire des finances.*)

clusions tirées de ce premier élément de comparaison. En ce qui concerne le second élément, le budget lui-même, il faut faire encore quelques réserves. Si on prend l'ensemble des dépenses de l'Etat, ou l'ensemble des recettes ordinaires, comme le fait M. Leroy-Beaulieu [1], on ne tient pas compte alors de ce grossissement factice du budget produit par les changements de méthode de comptabilité ou l'élévation des frais de perception de certains revenus publics.

Mieux vaudrait comme l'a fait M. Pelletan ne prendre que les charges supportées par les contribuables, c'est-à-dire les sommes demandées annuellement à l'impôt. Le travail effectué pour l'année 1899 [2] a donné les résultats que nous donnons ci-contre :

[1] *Science des finances,* p. 190.
[2] Rapport général sur le budget de 1899.
Le budget de l'Algérie est laissé en dehors des chiffres et de l'examen qui va suivre.

		A déduire remboursements, etc.	Total
Impôts directs et taxes assimilées..	508.545.084	20.000.000	488.545.084

Enregistrement... 526.904.000
Timbre........ 179.219.000
Impôt sur les opérations de bourse 5.526.000
Impôt sur le revenu des valeurs mobilières........ 72.078.100
Douanes....... 441.272.050
Contributions indirectes........ 621.682.000
Divers......... 186.484.000

2.033.165.150   6.071.000   2.027.094.150

Total.............. 2.515.639.234

Si on y ajoute le produit des manufactures de l'Etat 436.468.000
dont à déduire les dépenses..... 84.003.540
et un bénéfice de 4 0/0 sur les produits............. 17.458.740

101.462.280

335.006.720

On arrive à une charge totale de.......... 2.850.645.954

Le même travail a été effectué pour les budgets de 1829, 1847, 1869, 1876 et 1889 dans un rapport sur la situation financière de la France, présenté au nom de la Commission du budget de 1891. Il a donné les résultats suivants :

Années.	Charge supportée par le contribuable.
1829	722.024 mille francs
1847	1.033.971 »
1869	1.525.542 »
1876	2.284.342 »
1889	2.577.483 »

C'est là, semble-t-il, l'expression la plus exacte que
l'on puisse trouver de ce second facteur de la comparaison du budget ; il ne reste plus qu'à l'opposer
soit au montant des successions seulement, comme
a fait M. Pelletan, soit au montant total des successions et mutations à titres gratuits, et à rechercher
la proportion obtenue aux diverses époques.

On obtient alors le tableau suivant :

Années	Impôts	Successions taxées	Proportion des impôts	Moyenne quin- quennale des successions et donations taxées	Proportion des impôts
1829	722 millions de fr.	1.412	51 %	1.790	40 %
1847	1.033 —	2.055	50 %	2.454	42 %
1869	1.525 —	3.636	41 %	4.567	33 %
1876	2.284 —	4.701	48 %	5.770	39 %
1889	2.577 —	5.372	46 %	6.311	41 %
1898	2.850 —	5.767	50 %	6.706	42 %

Etant données les nombreuses réserves que nous
avons faites sur l'exacte comparabilité de ces chiffres,
il est impossible d'en tirer des conclusions trop
absolues. Mais ᶦen définitive, il semble s'en dégager

ceci : que les gros budgets actuels n'exigent pas, proportion gardée, un effort plus grand de la part du contribuable que les budgets de 1829 ou de 1847. L'aggravation de 1869 à 1876 s'explique facilement par les charges extraordinaires résultant de nos désastres, mais il est inquiétant de constater que depuis cette époque la situation devient moins favorable sans qu'il y ait pour cela de raisons bien péremptoires.

Cependant, dans l'état actuel des choses, on peut dire que quoique la charge imposée aux contribuables soit très lourde, elle n'est à coup sûr pas excessive si on la compare à celle supportée il y a un demi-siècle, et si on tient compte de ce fait que l'Etat rend aujourd'hui aux citoyens un nombre de services sensiblement plus grand.

————

Vu :

Le Doyen,   Le président de la Thèse,
GLASSON.   CHAVEGRIN.

Vu et permis d'imprimer :
Le Vice-Recteur de l'Académie de Paris,
GRÉARD.

TABLE DES MATIÈRES

TROISIÈME PARTIE

Alençon. — Imprimerie Veuve Félix Guy

www.ingramcontent.com/pod-product-compliance
Lightning Source LLC
Chambersburg PA
CBHW031325210326
41519CB00048B/3234